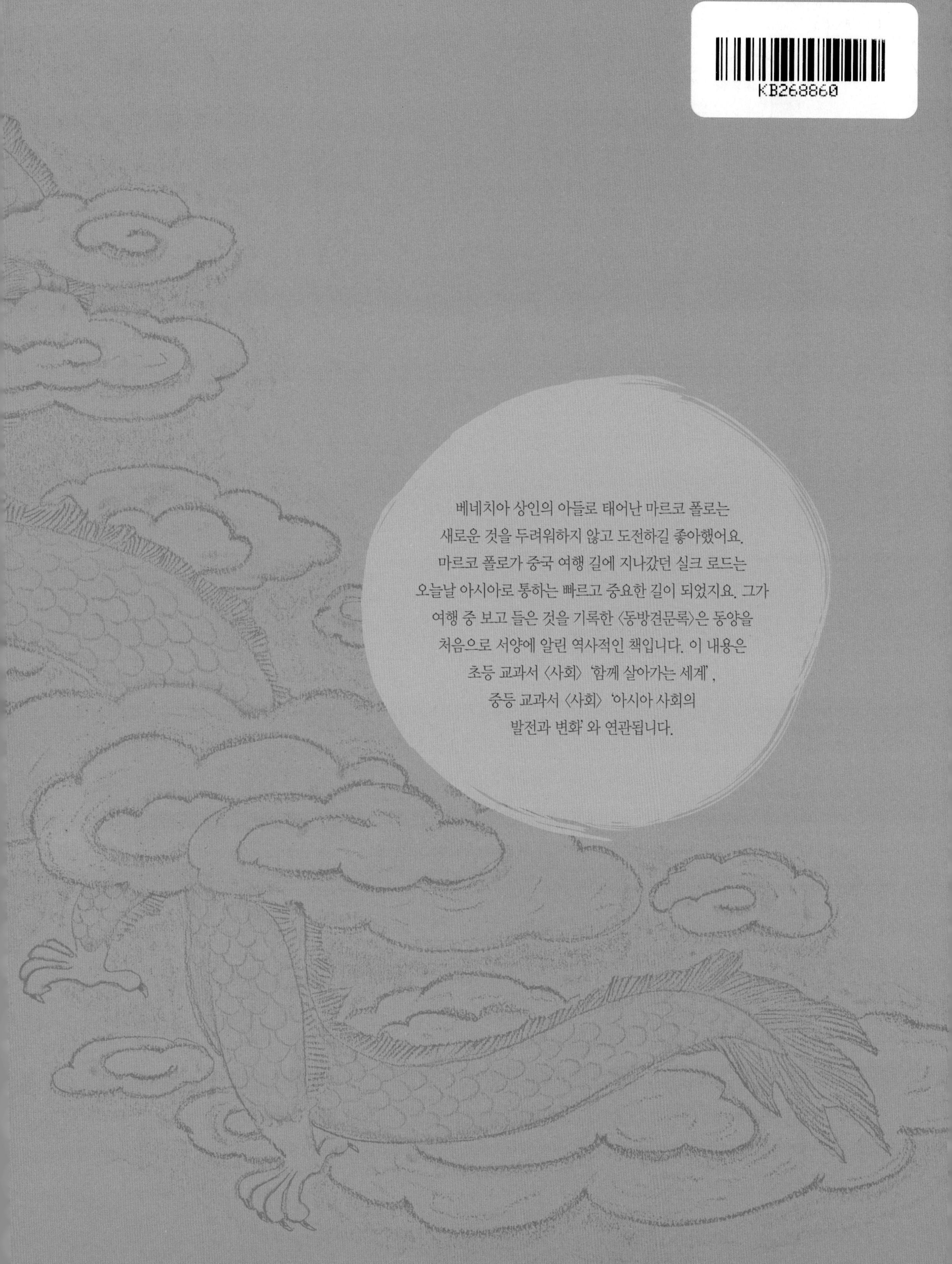

베네치아 상인의 아들로 태어난 마르코 폴로는
새로운 것을 두려워하지 않고 도전하길 좋아했어요.
마르코 폴로가 중국 여행 길에 지나갔던 실크 로드는
오늘날 아시아로 통하는 빠르고 중요한 길이 되었지요. 그가
여행 중 보고 들은 것을 기록한 〈동방견문록〉은 동양을
처음으로 서양에 알린 역사적인 책입니다. 이 내용은
초등 교과서 〈사회〉 '함께 살아가는 세계',
중등 교과서 〈사회〉 '아시아 사회의
발전과 변화' 와 연관됩니다.

추천 감수 김완기

- 한국아동문학회 중앙위원장, 한국아동문학연구회 수석부회장,
  국제펜·한국문인협회·한국저작권협회 회원.
- 초등학교 국어 교과서 집필·심의위원, 서울서래초등학교 교장 역임.
- 서울신문 신춘문예 동시 당선.
- 한국아동문학작가상, 한정동아동문학상, 대한민국동요대상 등 수상.
- 동화집 〈내 배꼽이 더 크단 말야〉 등 여러 권,
  동시집 〈엄마, 이게 행복인가 봐〉,
  이야기책 〈마음이 따뜻한 101가지 이야기〉 등 다수의 어린이 책을 썼습니다.

추천 감수 이창수

- 한국문인협회 아동문학분과 회장, 한국아동문예작가회 명예회장,
  한국아동문학회 부회장, 국제펜 회원.
- 어린이 전문 출판사의 편집장, 주간 등 역임.
- 한국아동문예작품상, 한국아동문예상, 한국아동문학작가상, 김영일아동문학상 수상.
- 〈파란 꿈을 먹은 아이들〉, 〈따뜻한 남쪽 나라〉, 〈공포의 진주 동굴〉, 〈우주 여행〉, 〈구조대원 곰돌이〉,
  〈화성인과 아기 도깨비〉, 〈백두산에서 감나무골까지〉, 〈바닷속 동굴에서 만난 사람〉, 〈정수가 위험해〉 등
  200여 권의 어린이 책을 썼습니다.

추천 감수 송명호

- 한국아동문학회 회장, 한국문인협회 상임이사,
  국제펜클럽 한국본부 이사.
- 제1회 문화공보부 5월 예술상, 제1회 소년한국 문학상,
  소천아동문학상, 한국문학상, 대한민국문학상, 국제펜문학상 수상.
- 동시집 〈다섯 계절의 노래〉, 동화집 〈명견들의 행진〉,
  영화 시나리오 〈소만 국경〉, 방송극 〈개벽〉,
  장편 아동 소설집 〈전쟁과 소년〉(전5권), 〈똥딴지 독도 탐방대〉,
  동극집 〈어린이 살롱 드라마〉와 〈한국·세계 위인 전기〉(전집) 등을 썼습니다.

추천 감수 이상현

- 한국문인협회 이사, 국제펜클럽 한국본부 감사, 한국아동문학회 수석부회장.
- 조선일보 기자, 서울 교통방송 편성국장, 숙명여대 및 인하대 강사 역임.
- 1962년 경향신문 신춘문예 동시 당선.
- 1979년 〈현대 시학〉 시 추천 완료.
- 한국문학상, 국제펜문학상, 세종아동문학상, 소천아동문학상, 김영일아동문학상, 한국동시문학상 등 수상.
- 동시집 〈햇빛마을 가는 길〉, 동화집 〈짝꿍〉 등 다수의 어린이 책을 썼습니다.

글 김완기

- 〈어깨동무〉 창간 기념 으뜸자리 입상, 새한신문 전국 논픽션 당선, 서울신문 신춘문예 동시 당선.
- 한국아동문학 작가상, 한정동아동문학상, 대한민국동요대상 등 수상.
- 초등학교 국어교과서 집필·심의위원, 서울서래초등학교 교장 역임.
- 현재 한국아동문학회 중앙위원장, 한국아동문학연구회 수석부회장, 국제펜·한국문협·한국저작권협회 회원.
- 동화집 〈내 배꼽이 더 크단 말야〉, 동시집 〈엄마, 이게 행복인가 봐〉 등
  다수의 어린이 책과 이야기책 〈마음이 따뜻한 101가지 이야기〉를 썼습니다.

그림 김세진

- 대학에서 응용미술 전공.
- 1995년 '제1회 그림책 일러스트 워크숍' 수료, 동화 모임 '감자꽃' 회원 그룹 전시회 개최.
- 현재 출판미술협회 회원으로 활동하면서 어린이를 위한 그림책을 그리고 있습니다.
- 〈파브르 곤충기〉, 〈꼬마 박새와 작은 강〉, 〈우리 집은 커다란 조개 껍데기〉, 〈해와 달이 된 오누이〉,
  〈빨간 머리 앤〉, 〈파랑새〉 등의 어린이 책에 그림을 그렸습니다.

■ 〈교과서 큰 인물 이야기〉는 한국아동문학회 회원 550여 분의 문인
선생님들께서 '어린이들에게 바람직한 인성과 가치관을 길러 주며,
쉽고 친절한 문장과 알찬 지식으로 어린이들의 독서 활동에 유익한
도움을 주는 책'으로 추천해 주셔서 한국아동문학회 출판문화대상
을 수상했습니다.

교과서 큰 인물 이야기 70 마르코 폴로

Ⅱ **펴낸날** 2014년 1월 10일 **발행** **펴낸이** 박연환 **펴낸곳** (주)한국헤르만헤세 **출판등록** 제17-354호 **본사** 경기도 성남시 분당구 금곡동 444-148 한국헤르만헤세 빌딩 **대표전화** (031)715-7722
팩스 (031)786-1001 **고객문의** 080-715-7722 **편집 책임** 김원선 **디자인** 장선희, 김영주, 전선아 **교정** 양은하, 이효선 **교정 진행** 김진형, 정현희, 김승현, 허영란 **이미지 제공** 연합포토, 엔싸이버 포토
렌탈, 이미지클릭, 국립중앙박물관 ⓒ2007 Korea Hermannhesse 이 책의 저작권은 (주)한국헤르만헤세가 소유하고 있으므로 본사의 동의나 허락 없이 내용이나 그림을 어떠한 방법으로도 사용할 수 없습니다.
주의 본 교재를 던지거나 떨어뜨리지 않도록 주의하십시오. 다칠 우려가 있습니다. 고온 다습한 장소나 직사광선이 닿는 장소에는 보관을 피해 주십시오.

마르코 폴로
Marco Polo

글 김완기 | 그림 김세진

한국헤르만헤세

동방의 신비를 최초로 유럽에 전파한 탐험가

깊숙한 우물 속에 사는 개구리는 그곳이 세상의 전부인 줄 알지요. 우물 안에서 바라보면 하늘도 손바닥만해 보이고, 우물 밖에 있는 세상은 어떻게 돌아가는지 전혀 모르고 살게 될 거예요.

어느 날 우물 안에 살던 개구리 한 마리가 바깥 세상이 궁금해 우물 밖으로 나왔어요. 그런데 어디선가 뱀이 나타나 혀를 날름거렸어요. 개구리는 무서워서 재빨리 풀숲에 숨었답니다.

그리고 어느 날 냇가에 나갔더니 이번엔 커다란 독수리가 금방 덤벼들 기세로 날아왔어요. 개구리는 얼른 물 속으로 뛰어들어 물갈퀴를 사용해 헤엄을 쳤어요.

이전에 누가 개구리에게 헤엄치는 법을 가르쳐 주기라도 했을까요? 아니에요. 자기도 모르는 사이에 살아남기 위한 지혜가 떠올랐던 것이지요.

새로운 세상을 향해 나아가면 그만큼 위험도 따르게 마련이지요.

이탈리아의 작은 마을 베네치아에 살던 마르코 폴로도 이런 위험을 무릅쓰고 모험을 했어요. 알려지지 않은 동쪽의 먼 세상이 궁금했기 때문이지요.

사람들은 어리석은 짓이라며 말렸지만, 마르코 폴로는 위험을 두려워하지 않았어요. 폭풍을 만나고, 도둑과 산적을 만나 여러 번 죽을 고비를 넘겼지만 모두 용감하게 이겨 냈답니다.

몇 해가 걸려 찾아간 먼 동쪽 땅에서 마르코 폴로는 신비한 세계를 경험한 뒤, 이 새로운 세계를 세상 사람들에게 알렸어요.

자, 그럼 이제부터 마르코 폴로가 동방 여행을 다녀오며 겪은 놀랍고도 흥미로운 모험 이야기를 함께 들어 볼까요?

글쓴이 김 완 기

마르코 폴로

새로운 세상을 향하여

　이탈리아 베네치아의 여름 바다에는 이글거리는 태양이 빛났어요. 따가운 햇살이 간지러운 듯 갈매기는 끼룩끼룩 휘파람을 불며 배를 따라오고 있었어요.

　마르코 폴로는 갈매기에게 손을 흔들며 말했어요.

　"나에게 용기를 주려고 휘파람을 부는 거지? 동쪽 땅에 닿을 때까지 내 머리 위로 계속 따라오렴."

　새들은 알았다는 듯 날갯짓을 하며 하늘을 향해 날아올랐어요.

　한 번도 보지 못한 새로운 세계를 찾아 나서는 마르코 폴로의 마음은 무척 설레었어요.

　'동쪽에는 용감한 사람들이 많다는데, 그들은 어떤 무기를 갖고 있을까? 사막의 모래 바람은 얼마나 세찰까?'

　점점 멀어지는 고향 베네치아의 아름다운 섬들을 바라보며 마르코 폴로는 생각에 잠겼어요.

　그 무렵 베네치아는 유럽에서 손꼽히는 상업 도시였어요. 백 개가 넘는 다리로 연결된 베네치아는 물이 흐르는 물길도 잘 마련되어 있었어요. 그 물길 좌우에 들어선 집에는 꽃나무가 우거지고 나

비가 날아오는 아름다운 곳이었지요.

물의 도시답게 베네치아 사람들은 배를 만드는 기술이 뛰어났어요. 아무리 무섭게 덤벼드는 폭풍과 산더미처럼 큰 파도에도 끄떡없이 항해를 계속할 수 있었던 것도 배를 만드는 기술이 뛰어났기 때문이지요.

이 배들은 먼 곳을 오가며 많은 물건을 실어 날랐어요. 중동* 지방에서 자란 과일을 싣고 오기도 했고, 어떤 배는 보석을 싣고 오기도 해서 해적에게 습격당하지 않도록 주위를 살피는 것이 큰 일이었지요.

둥근 태양이 바다를 온통 황금색으로 물들이며 서쪽으로 넘어갈 무렵, 마르코 폴로는 난생 처음 보는 물고기도 만났어요.

"저건 사람을 잡아먹는다는 상어 떼잖아. 등에서 물을 뿜어 내는 고래도 있네!"

마르코 폴로는 힘차게 물 위로 솟아오르는 물고기가 마냥 신기했어요.

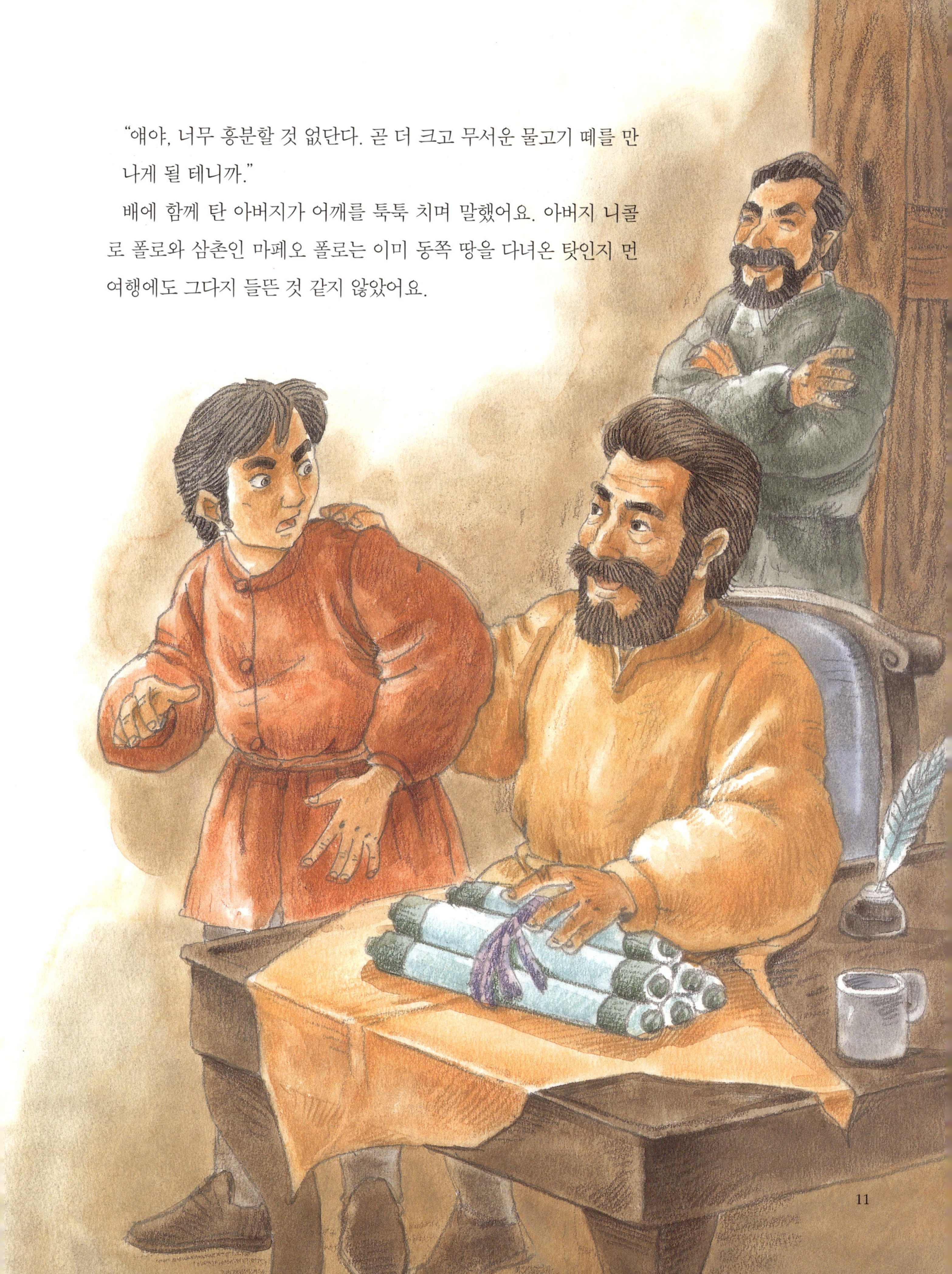

"애야, 너무 흥분할 것 없단다. 곧 더 크고 무서운 물고기 떼를 만
나게 될 테니까."
배에 함께 탄 아버지가 어깨를 툭툭 치며 말했어요. 아버지 니콜
로 폴로와 삼촌인 마페오 폴로는 이미 동쪽 땅을 다녀온 탓인지 먼
여행에도 그다지 들뜬 것 같지 않았어요.

► 〈세상의 놀라운 것들〉에 실린 그림.
마르코 폴로 가족이 베네치아를 떠나 중국 대륙으로 출발하는 장면이에요.

"우리가 원나라*로 가는 것은 딱 한 가지 목적 때문이야. 교황님께서 주신 편지를 원나라 황제에게 무사히 전하기만 하면 돼."

얼굴에 수염이 무성한 아버지와 삼촌은 편지가 담긴 보따리를 쳐다보며 다시 한 번 굳게 다짐했어요.

이때가 1271년이었어요. 그 무렵 넓은 아시아 대륙을 다스리던 원나라의 황제는 교황에게 사이좋게 지내자는 편지를 보냈어요. 그러니까 지금 마르코 폴로와 아버지와 삼촌은 교황의 답장을 전하러 가는 길이었어요.

하지만 마르코 폴로는 아버지나 삼촌과는 생각이 달랐어요.

'동쪽 나라에 가서 숨어 있는 신비한 것들을 찾아낼 거야.'

혼자 중얼거리는 마르코 폴로의 꿈은 야무지*기만 했어요.

항해를 시작한 지 며칠이 지났어요. 끝없는 바다만 펼쳐질 뿐 아무것도 보이지 않았어요.

갑자기 세찬 폭풍이 몰아치며 파도가 무섭게 덤볐어요. 높다랗게 달아 둔 돛*이 금방이라도 쓰러질 듯 마구 흔들렸어요.

"돛을 바로 세워!"

배가 심하게 흔들리자 아버지와 삼촌은 교황의 편지를 전하지 못

할까 봐 안절부절못하고 소리쳤어요.

'벌써부터 당황하면 어떡하나?'

마르코 폴로는 어려움이 있을 때마다 주먹을 꼭 쥐고 끝까지 해내는 당찬* 소년이었어요. 마르코 폴로는 정신을 똑바로 차리고 오히려 어른들을 위로했어요.

"곧 하늘의 노여움이 가라앉을 거예요. 교황님의 편지를 갖고 가는 우리를 지켜 줄 거예요."

다시 잔잔해진 바다 위에는 금빛 햇살이 반짝이고, 뱃머리*에 부서지는 물방울은 마치 하얀 나비 떼가 날아오르는 듯했어요.

돛을 단 배는 밤낮없이 나아갔어요. 하지만 끝없이 펼쳐진 넓은 바다를 항해하기란 그리 쉬운 일이 아니었지요. 배를 무척이나 잘 다루는 아버지와 삼촌도 거센 바람이 불면 꼼짝없이 쩔쩔맸어요.

마르코 폴로는 바람을 이용해 배를 잘 움직이는 법을 조금씩 익혔어요. 하지만 아직 서툰 탓인지 키*를 잡을 때마다 땀을 뻘뻘 흘리곤 했지요.

아무리 당찬 의지로 떠난 여행길이었지만 마르코 폴로는 가끔 힘든 표정을 감추지 못했어요.

"앞으로 몇 해가 걸릴지도 모르는 여행인데, 견딜 수 있겠니?"

아버지가 걱정스럽게 물었어요.

"그러게 말입니다. 바다를 지나면 고원*을 넘고 또 드넓은 사막을 건너야 하는 험한 길인데……."

삼촌도 힘든 앞날이 염려되어 한마디 거들었지요. 하지만 마르코 폴로는 오히려 어른들을 안심시켰어요.

"아버지, 삼촌, 걱정 마세요. 저는 한번 마음먹은 일은 절대 포기하지 않아요."

이렇게 말하고는 바람의 방향에 따라 돛이 움직이는 걸 골똘히

*당차다
나이나 몸집에 비해 마음가짐이나 하는 짓이 야무지고 기운차다.

*뱃머리
배의 앞쪽 끝.

*키
배의 방향을 조종하는 장치.

*고원
높은 산지에 펼쳐진 넓은 벌판.

바라보는 마르코 폴로의 모습은 뛰어난 항해사 같았어요.

밤바다는 으스스하고 무서웠어요.

낮에는 새도 보고 물고기도 만날 수 있어 심심하지 않았어요. 그렇지만 밤이 되면 철썩이는 파도 소리만 무섭게 들렸습니다.

"지루하지?"

아버지는 마르코 폴로의 마음을 얼른 눈치 채고, 젊은 날 겪었던 흥미로운 모험담을 들려주었어요.

배는 꼭 필요한 불만 켜서 어두컴컴했어요. 귀한 물건을 실은 배들은 해적 떼가 무서워 눈에 잘 띄지 않도록 일부러 초라하게 꾸미고 다녔답니다.

마르코 폴로는 흔들리는 촛불을 보며 생각에 잠겼어요.

'그곳에 닿으려면 몇 년이나 걸릴까? 동쪽 나라 사람들이 우리를 반겨 줄까?'

바로 이때였어요.

"꼼짝 마! 어서 가진 것 다 내놔라!"

말로만 듣던 해적들이 나타났어요.

놀란 아버지와 삼촌이 벌떡 일어났어요. 그러고는 재빨리 교황의 편지를 싼 보자기 앞으로 후닥닥 달려갔어요.

복면*을 한 해적 우두머리가 바싹 다가와 협박했어요.

"애지중지*하는 걸 보니 진귀한 보석이 틀림없군! 어서 풀어 봐!"

아버지와 삼촌은 아무 말도 못하고 벌벌 떨기만 했어요. 원나라 황제에게 보내는 교황의 편지를 빼앗기면 정말 큰일이니까요.

하지만 해적들은 오직 번쩍이는 보석만 원할 뿐이었어요.

"이 보따리엔 값진 것이 없어. 빨리 다른 곳을 샅샅이 뒤져라!"

해적들은 배 안을 온통 뒤지며 혹시나 가져갈 물건이 있는지 눈을 부릅뜨고 살폈어요.

'적이 힘으로 덤비면 같이 힘으로 대하지 마라. 지혜로 이기도록 하라!'

문득 마르코 폴로의 머릿속에 이 말이 떠올랐어요.

"이 배에는 보석이나 진주 같은 건 하나도 없어요."

"뭐야? 그럼 도대체 무엇을 하는 배란 말이냐!"

무섭게 다그치는 해적은 금방이라도 칼을 휘두를 것 같았어요. 하지만 마르코 폴로는 침착했어요.

"우린 바다를 지나 저 넓은 동쪽 땅으로 가는 길이에요. 고원과 사막을 지나면 그곳에 많은 보석이 묻혀 있다고 해서 그걸 캐러 가는 길이라고요."

해적들은 마르코 폴로를 비웃었어요.

"허! 그렇게 친절하게 알려 주다니. 돌아올 때 너희가 무사할 것 같으냐? 절대 그냥 보내지 않을 테다."

해적들은 으름장*을 놓고 떠났어요. 아버지와 삼촌은 마르코 폴로의 손을 꼭 잡았어요.

"어떻게 그런 생각을 다 했니? 해적들이 두말 않고 물러가는 걸 보니 놀랍구나."

"새로움을 찾는 탐험가는 힘이 아닌 지혜로 어려움을 이겨 내야

*복면
남이 알아보지 못하게 얼굴의 일부 또는 전부를 헝겊 등으로 가린 것

*애지중지
매우 사랑하고 소중히 여기는 모양.

*으름장
말과 행동으로 남을 위협하는 일.

한다고 했어요."

집을 떠나온 지 며칠 사이에 마르코 폴로는 퍽이나 어른스러워졌
어요.

배는 드디어 페르시아*의 항구에 도착했어요. 이제부터는 다시
먼 길을 걸어서 가야 했어요.

'그래, 이제부터가 진짜 시작이야.'

새로운 세상을 향한 마르코 폴로의 모험심은 다시
한 번 불타올랐어요.

대륙에 내딛는 첫걸음

다시 시작된 여행은 뱃길보다 더 힘들었어요. 울퉁불퉁한 돌길을 지나면 발이 푹 빠지는 모래밭이 나타나고, 산을 넘고 나면 물이 고인 늪이 가로막고 있었지요.

얼마나 오래 걸었는지 발에 물집이 생겨 견딜 수 없을 정도로 아팠어요. 마르코 폴로는 금방이라도 주저앉고 싶었지만 꾹 참고 걸었어요.

가도 가도 끝이 보이지 않았어요. 아버지는 지친 마르코 폴로에게 기운을 북돋아 주었어요.

▲사막을 지나는 낙타 행렬.

"항상 긴 여행은 바로 오늘이 시작이라고 생각하고 단단히 마음
먹어야 한다."

잠을 잘 때도 아버지와 삼촌은 편지가 들어 있는 보따리를 꼭 껴
안고 잤어요.

마르코 폴로는 아무거나 예사롭게 보지 않았어요. 잠자리에 누워
서도 이런저런 생각에 잠겼어요.

'동쪽 나라의 주인은 누굴까? 땅 속에는 신비한 것들이 가득 묻
혀 있다는데, 사실일까?'

아침이 되면 다시 걷기 시작했어요. 다리가 너무 무거워서 마치
쇳덩이를 달고 가는 것 같았어요.

드디어 험하기로 유명한 파미르 고원이 나타났어요. 해발* 5천
미터가 훨씬 더 되는 높은 고원이어서 여기를 제대로 넘는 사람보
다 죽는 사람이 더 많다는 곳이었지요. 해발 5천 미터는 우리 나라
백두산 높이의 두 배 가까운 어마어마한 높이였어요.

아버지와 삼촌은 아픈 다리를 옮기며 긴 한숨을 내쉬었어요. 몇
번은 낙타와 말을 타긴 했지만 거의 걸어온 셈이었지요.

눈앞에 샘터가 보였어요. 사람들이 모여서 쉬고 있었어요. 낙타
등에 올망졸망 물건들이 매달려 있는 걸 보니 장사꾼들 같았어요.

마르코 폴로처럼 고원을 넘어 사막까지 가려는 사람들이었어요.

마르코 폴로는 땀을 닦으며 샘물을 물통에 담았어요. 그러고는 다시 힘을 내 고원으로 향했어요.

고원 꼭대기에서 내려다보니 아래는 온통 사막이었어요. 멀리 보이는 것은 뽀얗게 퍼지는 사막의 모래 바람뿐이었지요.

고원에서 사막으로 내려오는 길에는 넘어지고, 구르고, 높은 곳이라 산소가 부족해 숨쉬기도 힘들 정도였어요.

"자, 이제부터 고비 사막*이다. 각오를 단단히 해야지. 목말라 죽고, 모래 바람에 휩싸여 죽는 무서운 곳이야."

삼촌의 말에 마르코 폴로는 가슴이 덜컥 내려앉는 듯했어요. 단단히 마음먹었지만 두려움이 다가오는 건 어쩔 수 없었어요.

'마음이 흔들리면 안 돼. 아무리 힘들어도 꼭 가야 해. 모래 바람이 몸을 덮쳐도 살아야 해.'

사막은 끝이 없었어요. 푹푹 발이 빠지는 모래 위를 걷는 것은 여

* 고비 사막
몽골 고원 중서부에 펼쳐져 있는 사막으로, 대부분 자갈로 뒤덮여 있어요.

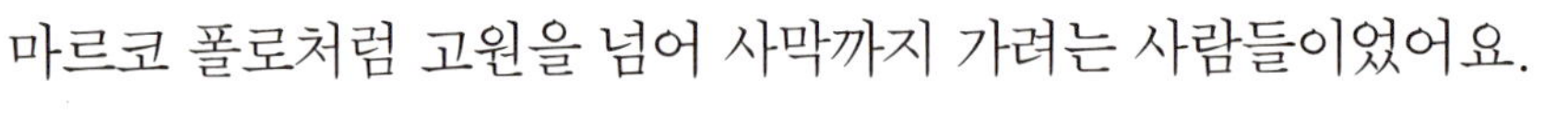

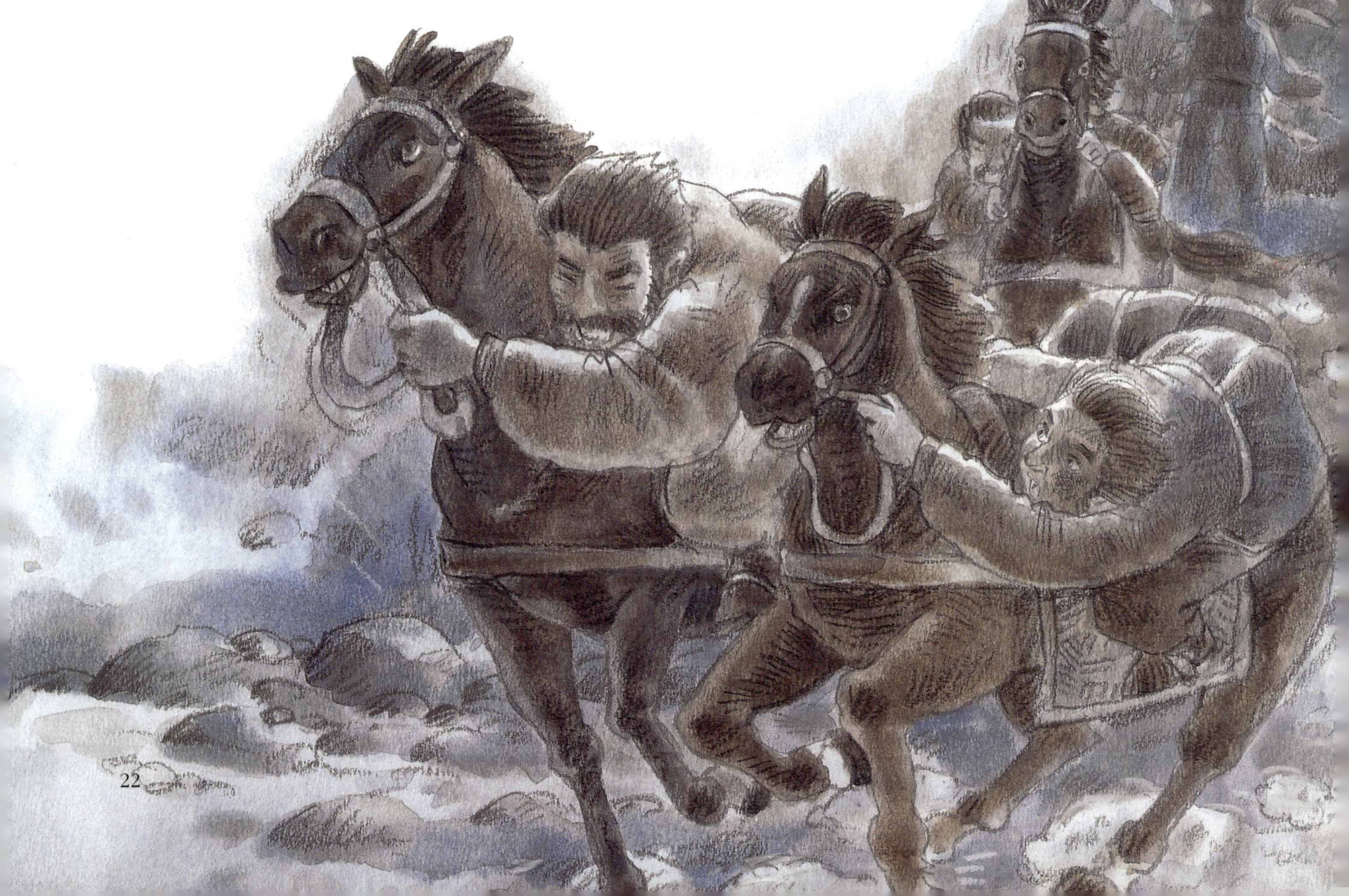

간 힘든 게 아니었어요. 사막에서 끄떡없다는 낙타도 겨우 발을 옮길 정도였지요.

해가 지고 어둠이 깔리자 이번에는 세찬 모래 폭풍이 몰아쳤어요. 천막 안에 앉아 있어도 모래 바람이 들어와 날렸어요.

'과연 살아서 원나라에 갈 수 있을까?'

마르코 폴로는 점점 걱정이 되었어요. 하지만 동쪽 나라에 대한 기대로 이내 걱정을 떨쳐 냈어요.

집을 떠난 지 어느덧 3년이 지났어요.

높디높은 고원도, 험난한 사막도 모두 지나고, 이제 원나라가 점점 가까워졌어요.

원나라는 원래 몽골* 족이 세운 나라인데, 원래는 몽골이라 불렀다고 해요. 몽골의 왕인 쿠빌라이 칸이 서쪽과 남쪽으로 땅을 넓히고 연경*에 왕궁을 세운 후 나라 이름도 원나라로 바꾸었어요. 이렇게 세워진 원나라는 아시아의 거의 모든 지역을 다스렸고, 심지어는 유럽까지 쳐들어갈 정도로 큰 힘을 갖고 있었어요.

원나라는 땅이 워낙 넓어서 사람이 찾아가지 못하는 곳이 대부분이었다고 해요. 그리고 귀한 물건들도 많고 괴상하게 생긴 동물들도 많다고 했어요.

"형님, 이젠 멋진 옷으로 갈아입고 말과 낙타를 타고 갑시다."

삼촌이 아버지에게 말했어요.

"그래. 황제를 찾아뵙는 몸인데 허름하게 하고 갈 수는 없지."

마르코 폴로 일행은 옷을 갈아입고 오랜만에 낙타를 탔어요. 한참을 가다 보니 낙타들이 힘들어하는 것 같아 산 아래 그늘진 곳에서 쉬어 가기로 했어요.

그런데 사방이 어두워지자 갑자기 이상한 소리와 함께 산적 떼가 나타났어요. 마르코 폴로 일행이 좋은 옷을 입었기 때문에 부자 상인인 줄 알고 덤벼든 것이었어요.

산적 떼는 아주 날쌘 움직임으로 마르코 폴로 일행을 둘러쌌어요. 화살이 머리 위로 휙휙 지나갔어요.

아버지와 삼촌은 낙타 등에 실은 편지 보따리와 말에 얹어 놓은 옷가지를 급히 챙겼어요.

산적들은 다른 일행의 몸을 뒤지느라 정신이 없었어요. 바로 이때 마르코 폴로의 머리를 스치는 생각이 있었어요.

'맞아. 아버지께서 예전에 아프가니스탄 북쪽에서 산적을 만났을 때 말 옆구리에 매달려 힘껏 달렸다고 하셨어.'

아버지도 그때가 생각나는지 눈을 끔뻑거리며 가까이 오라고 눈짓을 했어요. 셋이나 되니 어떻게 해야 할지 망설이는 것 같았어요.

하지만 머뭇거릴 시간이 없었어요. 마르코 폴로는 얼른 보따리를 들고 말 안장*을 한 손으로 잡았어요. 그리고 보따리로 얼굴을 가리고 말의 옆구리에 매달려 말을 힘껏 달리게 했어요.

다행히 세 사람은 겨우 그곳을 빠져나왔어요. 이런 위험이 몇 번이나 계속되었어요.

'이대로 가다가는 목적지에 닿기도 전에 산적에게 붙잡혀 죽고 말 거야.'

마르코 폴로는 또 하나의 지혜를 짜냈어요.

"아버지, 이제 허름한 옷으로 갈아입어야겠어요."

"뭐? 왕궁이 가까워 오는데 거지 옷차림을 하자고?"

"그래요. 여기 비단 예복을 다 버려야 해요. 산적들은 가난한 거지들은 습격도 하지 않고 몸도 뒤지지 않거든요."

아버지와 삼촌은 한참 동안 생각하더니 고개를 끄덕였어요.

"네 말이 맞는 듯하구나. 어서 허름한 옷으로 갈아입자."

마르코 폴로 일행은 거지 옷차림을 하고 편안한 마음으로 원나라 왕궁을 향해 발걸음을 옮겼어요.

* 안장
사람이 타기 위해 가죽으로 만들어 말의 등에 얹은 것.

신비한 세상 원나라

산적들의 습격에서 벗어난 마르코 폴로 일행은 허름한 옷차림과 배고픔에 지친 얼굴로 연경 가까운 곳에 닿았어요.

어느덧 마르코 폴로의 나이 스물한 살이 되었어요. 앳된 얼굴은 검게 타고, 수염도 덥수룩하게 자랐어요.

교황의 편지를 지닌 서쪽 나라 사람들이 온다는 소식을 듣고 원나라 황제는 호위병*을 보내 마중하게 했어요. 울긋불긋한 옷을 입고 모자에 깃털을 꽂은 호위병들이 그들을 왕궁으로 안내했어요.

"손님들, 이 비단옷으로 갈아입고 황제를 뵙도록 하시오."

마르코 폴로는 화려한 비단옷에 입이 딱 벌어졌어요.

드디어 원나라 쿠빌라이 칸 황제를 만나는 순간이 되었어요. 돌계단을 밟고 올라가니 웅장한 건물이 나타났어요. 둥근 돌기둥에

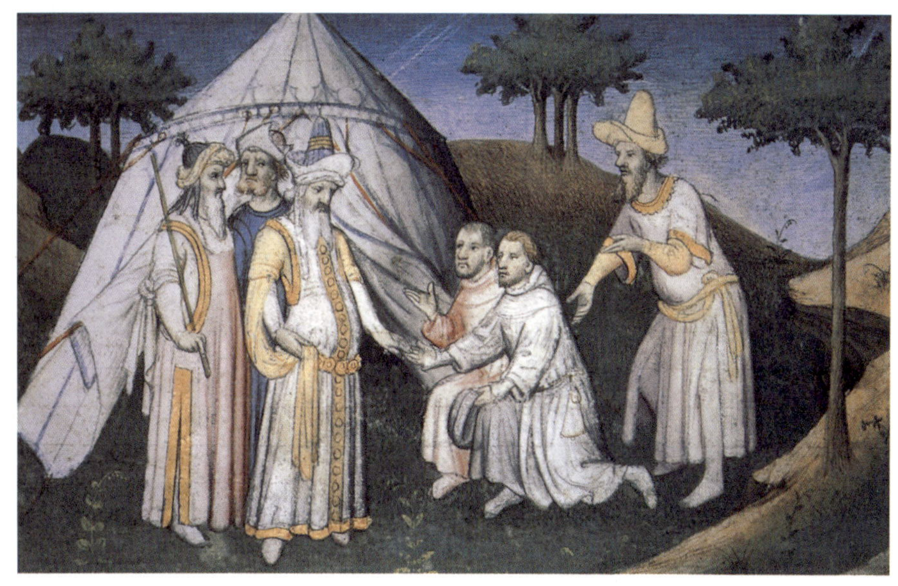

◀ 원나라에 도착해 쿠빌라이 칸과 만나는 마르코 폴로의 가족들.

금빛 찬란한 무늬가 눈부시게 아름다웠어요.

황제가 옥좌＊에 앉아 일행을 맞이했어요. 황제 양쪽에는 예쁜 궁녀들이 서서 부채질을 하고 있었어요.

"먼 길을 무사히 온 그대들을 환영하노라. 더욱이 교황의 편지를 가져왔다니 더욱 반갑구나."

황제는 환한 웃음을 띠고 아버지와 삼촌의 앞을 지나 마르코 폴로 앞에서 발을 멈추었어요.

"이 청년은 어디서 온 누구인가?"

마르코 폴로는 감히 황제를 쳐다보지도 못하고 머리를 숙여 인사를 했어요. 그러고는 이곳까지 오면서 배운 원나라 말로 공손히 대답했어요.

"황공하옵니다, 황제 폐하. 함께 온 마르코 폴로입니다. 황제 폐하의 충성스러운 신하가 되는 것이 소원입니다."

서툴지만 원나라 말로 대답하는 것이 기특한지 황제는 껄껄 웃으며 또 물었어요.

"그대는 먼 서쪽 나라에서 온 줄 아는데 어찌 우리말을 그렇게 잘하는가?"

"예, 황제 폐하의 신하가 되려고 오는 동안 열심히 배웠습니다."

황제는 고개를 끄덕였어요. 며칠을 지켜본 후, 황제는 마르코 폴로를 신하로 삼기로 했어요.

"똑똑한 청년이군. 이곳에서 나를 도와 할 일이 많아."

마르코 폴로는 너무 기뻤어요.

맨 처음 따라간 곳이 사냥을 하는 산골짜기였어요. 잘 훈련받은 사냥개가 달아나는 짐승들을 척척 잡아 입에 물고 황제에게로 달려왔어요. 황제는 잡힌 사슴과 멧돼지를 병사들에게 던져 주기도 했지요.

그러던 어느 날이었어요. 마르코 폴로는 무사들이 무술을 익히는

훈련장을 구경하게 되었어요.

"야, 이곳 사람들의 무술 실력이 대단하구나. 정말 멋진 경기야."

활쏘기, 창던지기, 올가미* 던지기, 칼싸움 같은 처음 보는 경기였어요. 손에 땀을 쥐게 하는 날쌘 무술이었지요.

'우리 고향에선 전혀 못 보던 신기한 무술이구나. 보기만 해도 기운이 펄펄 솟는단 말이야.'

마르코 폴로는 그 무술을 배워 보고 싶어졌어요.

고향 베네치아 사람들의 바쁜 모습이 떠올랐어요. 장사꾼들이 몰려와 아옹다옹하며 보석과 비단옷을 사고파는 것만 보다가 이곳의 용감한 무술을 보니 눈이 휘둥그레졌어요.

"그 넓은 아시아를 모두 다스릴 수 있는 힘이 저런 무술에서 나오는구나."

마르코 폴로는 이렇게 중얼거리며 골똘히 살펴보았어요.

활쏘기 터에 많은 젊은이들이 말을 타고 모여들었어요. 구경꾼도 많이 모였어요.

▲몽골 전사들의 사냥.
쿠빌라이 칸이 흰 담비 가죽을 걸치고
몽골 전사들과 함께 사냥에 참가했어요.

누군가 작은 새를 번갈아 날려 보냈어요. 그러자 젊은이들은 말을 타고 달리면서 쏜살같이 따라가 화살로 맞추어 떨어뜨렸어요.

한 마리씩 떨어질 때마다 "와! 와!" 소리치는 사람들의 함성에 들판이 떠나갈 듯했어요. 마르코 폴로도 사람들 틈에 끼어 숨죽인 채 바라보았어요. 참 부러운 무술 솜씨였어요. 원나라 사람들이 전부 용맹스러워 보였어요.

쿠빌라이 칸 황제도 틈만 나면 활쏘기를 즐겼어요. 황제가 활을 쏘러 갈 때면 여러 신하들과 병사들이 그 뒤를 따랐어요. 물론 마르코 폴로도 황제의 뒤를 따라갔지요. 그는 이미 황제의 믿음직한 신하가 되었답니다.

"멧돼지가 달아난다! 노루도 뛰고……."

한 신하가 재빨리 황제에게 활과 기다란 창을 바쳤어요.

"아니다. 오늘은 너희들의 창 던지는 솜씨를 보러 왔다."

그러자 말을 탄 신하 하나가 창을 들고 멧돼지를 쫓아갔어요.

"이놈의 멧돼지야, 내 창을 받아라!"

도망치던 멧돼지는 그 자리에 쓰러지며 꽥꽥 소리를 질렀어요. 다른 신하가 뒤쫓아가 쓰러진 멧돼지를 잡아 왔어요.

꽤 많은 멧돼지와 노루를 잡은 뒤 병사들은 신이 나서 창을 들고 함성을 질렀어요.

마르코 폴로는 사람들의 용감한 모습을 볼 때마다 덩달아 신이 났어요. 그리고 자신도 빨리 무술을 배워 함께 하고 싶었어요.

그렇게도 꿈에 그리던 동쪽 나라의 하루하루는 즐겁기만 했어요.

황제가 시키는 일을 서슴없이 척척 잘 하는 마르코 폴로를 보고 다른 신하들도 뒤지지 않으려는 듯 열심히 일했어요. 왕궁은 항상 활기에 차 있었어요.

어느 날 같이 일하던 신하가 마르코 폴로에게 넌지시 말했어요.

"오늘, 신나는 구경 시켜 줄까?"

"신나는 구경이라고요?"

"응, 올가미 던지기 경기야."

"좋아요. 보고 싶어요."

두 사람은 왕궁 밖의 올가미 던지기 경기장으로 달려갔어요. 경기장은 사람들 떠드는 소리, 응원 소리로 가득했어요.

훈련을 잘 받은 개들이 차례로 달리기 시작했어요. 그러자 높다란 나무 받침대 위에서 젊은이들이 올가미를 휙 던졌어요. 재빠르게 달리던 개의 목에 올가미가 걸리자 개가 깽깽 비명을 질렀어요.

정말 놀라운 솜씨였지요.

"우리 나라 병사들은 올가미 던지기를 잘 하지. 적이 도망치면 올가미를 던져 붙잡는 거야. 활쏘기, 창던지기, 올가미 던지기는 원나라 젊은이들이 가장 즐기는 운동 경기라네."

마르코 폴로는 고개를 끄덕였어요.

이곳 사람들은 이탈리아 사람들과 전혀 딴판이었어요. 즐기는 운동도 다르고 먹는 음식도 달랐어요. 말도 다르고 노는 것도 달랐답니다. 모든 것이 신기하기만 했어요. 원나라에는 유럽 사람들에게 알려지지 않은 독특한 풍습이나 신앙이 많았답니다.

별에게 운명을 묻다

연경의 밤하늘엔 별빛이 유난히 반짝였어요.

쿠빌라이 칸 황제는 나라의 큰 행사나 중요한 일을 결정할 때 별
의 움직임이나 밝기를 살펴 점을 친다고 했어요.

마르코 폴로는 연경을 둘러싸고 있는 곳곳에 아주 높다랗고 긴
성을 쌓는다는 걸 알게 되었어요. 오늘 회의에서 들었거든요.
나라의 큰일을 의논하는 어전 회의*에도 참석하게 될 정도
로 마르코 폴로에 대한 황제의 믿음은 대단했어요.

황제는 마르코 폴로에게 가끔씩 거리에 나가 사람들

*어전 회의
중요한 나라일을 의논하기 위하여 임금
앞에서 중요한 신하들이 하는 회의.

이 어떻게 사는지 살펴보라
고 했습니다. 백성들이 무엇을 바라고
있는지도 알아보라고 했지요.
"이보게, 서양 젊은이. 자네는 참 똑똑하고 영리하군. 내 생각
을 미리 알아차리고 잘 해내는 청년이야."
"황공하옵니다, 황제 폐하."
칭찬을 받은 마르코 폴로는 더욱 열심히 일했어요. 그는 일찍 일
어나 왕궁을 살피고 황제를 잘 받들었어요.
쾌활한 쿠빌라이 칸 황제는 이따금 마르코 폴로를 데리고 멀리
떨어진 지방을 시찰했어요. 같이 가면서 옛날 몽골 땅 얘기도 들려
주었어요. 황제는 가끔 마르코 폴로의 고향인 베네치아 얘기도 듣
고 싶어했지요.
쿠빌라이 칸 황제는 칭기즈 칸의 손자였어요. 칭기즈 칸은 아시
아 북쪽에 몽골이라는 나라를 세운 유명한 사람이지요.
칭기즈 칸의 병사들은 매우 용감하고 싸움도 잘 했어요.
"우리는 몽골 제국의 용감한 병사들이다. 저 드넓은 아시아 땅을
모두 우리 것으로 만들자!"
칭기즈 칸의 말 한마디에 온 천지가 부르르 떨었다고 해요.

넓은 초원에 몽골을 세운 칭기즈 칸은 더욱 큰 나라를 만들고 싶어 산을 넘고 강을 건너 더 넓은 곳으로 나아갔어요. 서쪽으로는 아프가니스탄, 북쪽으로는 러시아까지 쳐들어가 점점 영토를 넓히고 결국 자기가 원하는 대로 큰 나라를 만들었어요. 그래서 아시아의 땅은 대부분 칭기즈 칸의 손에 들어가게 되었어요.

마르코 폴로가 처음으로 본 활쏘기, 창던지기, 올가미 던지기 같은 것도 몽골 사람들이 즐겨 쓰던 싸움 기술이었지요. 쿠빌라이 칸은 이런 할아버지의 핏줄을 이어받아 아주 용맹스러웠어요.

원나라 사람들은 원래 풀이 난 초원에서 가축을 기르며 떠돌이 생활을 하며 살았답니다. 그래서 산적들의 습격을 받거나 풀을 찾지 못하게 될까 봐 늘 걱정이었어요. 불안한 사람들은 무언가에 의지하고 싶어했어요. 그러다 점차 별을 보고 점을 치는 풍습*이 생겨났어요.

원나라 사람들은 별의 밝기나 반짝이는 모습을 보며 좋고 나쁨을 가려냈어요. 긴 꼬리를 만들며 떨어지는 별똥별에도 숨은 뜻이 있다고 믿었어요. 어떤 별이든 좋은 운세가 나타나기를 바랐지요.

"별들이 무리를 지어 길게 늘어섰으니 긴 성을 쌓아야 한다는 하늘의 뜻이야."

"별의 숫자가 많아지니 농사도 잘 되고 먹을 것도 풍성할 거야."

"제일 큰 별이 저렇게 밝게 비추니 우리 황제께서 더욱 건강하실 거야."

별을 보고 점을 치는 점술가*들은 이렇게 말하면서 나라와 황제가 모두 잘 되길 빌었어요. 황제도 점술가의 말을 믿고 따랐어요.

"점술가들을 잘 대접하도록 하여라. 그들이 나와 나라의 앞날을 예언하고 있지 않느냐."

이름난 점술가뿐만 아니라 작은 오막살이에 사는 사람들도 별을 보고 자신의 앞날을 점쳐 보곤 했답니다.

▲ 칭기즈 칸(1162~1227)
몽골 제국을 세운 사람. 이름은 테무진이며, 중앙아시아와 중국을 정복하여 대제국을 건설했어요.

*풍습
예로부터 지켜 내려오는 생활에 관한 사회적인 습관.

*점술가
점을 치는 기술을 가진 사람.

청년 마르코 폴로는 별을 보고 점을 치는 것이 신기했어요. 베네
치아에서는 한 번도 보지 못한 일이기 때문이지요.

'별을 보고 사람의 앞날을 예언하다니, 정말 믿을 수 있을까?'

궁금해진 마르코 폴로는 어느 날 점술가를 찾아갔어요. 정말 신
통한지 시험해 보고 싶었던 거예요.

마르코 폴로는 울긋불긋한 옷을 입은 점술가 앞에 앉았어요.

점술가는 손에 든 여러 개의 작은 종을 흔들어댔습니다. 이것은
별님께 손님이 왔다고 알리는 거라고 했어요.

"내가 찾아온 건 다섯 가지 궁금한 게 있어서요."

이렇게 말하면서 마르코 폴로는 방 안을 둘러보았어요. 사방엔
온통 이상한 물건들로 가득 차 있었지요.

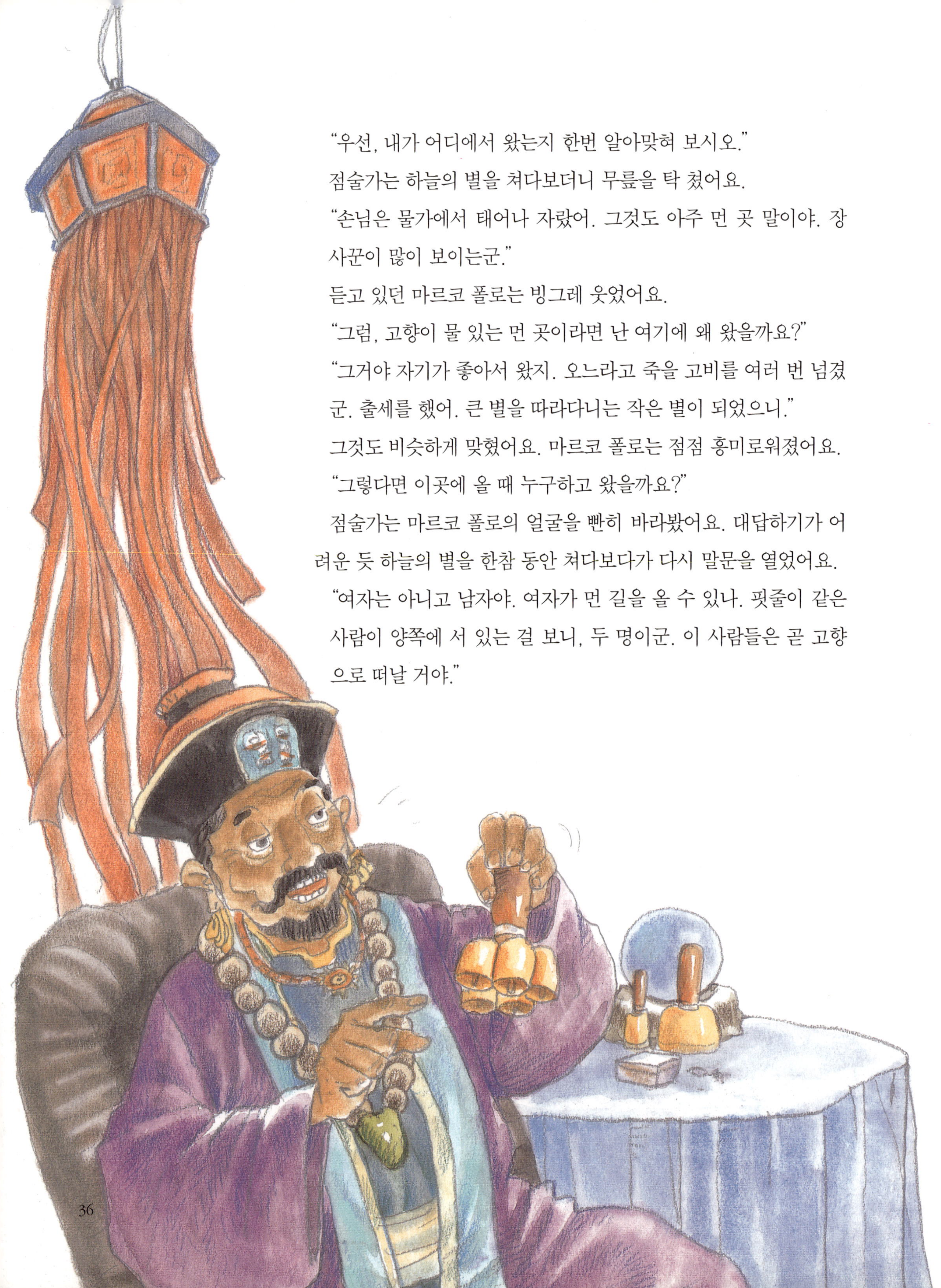

"우선, 내가 어디에서 왔는지 한번 알아맞혀 보시오."

점술가는 하늘의 별을 쳐다보더니 무릎을 탁 쳤어요.

"손님은 물가에서 태어나 자랐어. 그것도 아주 먼 곳 말이야. 장사꾼이 많이 보이는군."

듣고 있던 마르코 폴로는 빙그레 웃었어요.

"그럼, 고향이 물 있는 먼 곳이라면 난 여기에 왜 왔을까요?"

"그거야 자기가 좋아서 왔지. 오느라고 죽을 고비를 여러 번 넘겼군. 출세를 했어. 큰 별을 따라다니는 작은 별이 되었으니."

그것도 비슷하게 맞혔어요. 마르코 폴로는 점점 흥미로워졌어요.

"그렇다면 이곳에 올 때 누구하고 왔을까요?"

점술가는 마르코 폴로의 얼굴을 빤히 바라봤어요. 대답하기가 어려운 듯 하늘의 별을 한참 동안 쳐다보다가 다시 말문을 열었어요.

"여자는 아니고 남자야. 여자가 먼 길을 올 수 있나. 핏줄이 같은 사람이 양쪽에 서 있는 걸 보니, 두 명이군. 이 사람들은 곧 고향으로 떠날 거야."

어쩜 이렇게 잘 맞히는지, 마르코 폴로는 신기한 마음에 자꾸만 묻고 싶어졌어요.

"그럼, 나는 언제 고향에 돌아갈까요? 그리고 고향에 가서 어떤 일을 하게 될까요?"

점술가는 또 무어라고 중얼거리며 금방 대답하지 않았어요. 한참 동안을 끙끙 힘을 주어 별에게 묻더니 겨우 입을 열었어요.

"아직 멀었는걸. 여기서 할 일이 많아. 고향에 돌아가서 큰일을 하려면 여기 오래 있을수록 좋아. 이 나라가 당신 사는 물가에 훤히 비추는구먼."

"큰일을 한다고요?"

마르코 폴로는 궁금해서 바싹 다가앉았어요.

"그건 나도 몰라."

점술가는 퉁명스럽게 대답했어요.

"좋아요. 하나만 더 물어 볼게요. 이 다음에 나이 먹으면 어디 가서 무얼 하고 살게 될까요?"

"그런 건 모르고 지내는 게 좋아. 다만 하나 알아 둘 게 있네. 이 곳에서 고생을 많이 하고 눈을 크게 뜨고 살면 고향에 가서 큰일을 하게 돼."

마르코 폴로는 더 묻지 않았어요. 하지만 돌아오면서 곰곰이 생각해도 궁금증은 풀리지 않았어요.

'고생을 많이 하라고? 눈을 크게 뜨라고?'

알쏭달쏭한 말이지만 마르코 폴로는 점술가의 말이 모두 사실일 거라고 굳게 믿었어요.

재주꾼의 나라

몇 해가 지나 마르코 폴로는 더 높은 관리가 되었어요.

연경에서만 몇 년을 지내다 보니 다른 지방에도 가 보고 싶었어요. 그리고 왕궁에 있기보다는 새로운 땅을 살펴보고 싶었어요.

어느 날, 황제는 관리들을 여러 지방에 보내며 명령했어요.

"어디에 어떤 물건이 나는지 잘 살피고 오너라. 값진 물건도 눈여겨 찾아보고, 또 물건을 약탈*해 가는 도둑 떼가 있는지도 잘 알아보아라. 비싼 물건이 약탈당했으면 꼭 되찾고, 도둑 떼도 없애야 하느니라."

마르코 폴로도 이 일을 맡았어요. 황제의 명을 받들어 여러 곳을 여행도 하고 작은 마을의 책임자가 되기도 했지요.

가는 곳마다 새로운 구경거리가 나타났어요. 마르코 폴로는 알려지지 않은 낯선 세계를 흥미롭게 살펴보았어요.

'내가 본 것들을 언젠가 이탈리아에 알려야지.'

어떤 때는 농사를 지으며 사는 시골 마을에 찾아가 어떤 음식을 먹고 사는지, 어떤 풍습이 있는지 직접 보고 듣기도 했습니다.

원나라가 워낙 넓어서 가는 곳마다 살아가는 모습이 조금씩 달랐어요. 게다가 사용하는 말도 달랐어요. 또, 베네치아에서 보지 못한 신기한 것들이 너무도 많았답니다.

원나라 사람들이 사는 집은 베네치아보다 초라했고, 사람들이 입고 있는 옷도 허름했어요. 그렇지만 사람들은 저마다 강한 믿음을 갖고 있었어요.

* 약탈
폭력으로 빼앗음.

"우리에게 복을 주는 분께 감사하며 살지요."

어떤 곳에서는 큰 바위에 절하고 또 어떤 곳에서는 큰 나무에 절하기도 했어요. 그뿐만 아니라 바가지에 물을 담아 그곳에 아침저녁으로 뿌리기도 했어요. 신비로운 동물을 숭배*하고 태양과 별을 집 안에 그려 놓기도 했지요.

어떤 사람은 돌방망이를 번쩍 들어 보이며 자랑스레 말했어요.

"이걸로 도둑이 들지 못하게 지키는 거지. 또 사나운 짐승이 덤벼들면 때려눕히기도 해요."

"벽에 붙여 놓은 빨간 그림은 무엇인가요?"

원나라 관리의 옷차림을 한 마르코 폴로에게 시골 사람들은 숨김없이 다 말해 주었어요.

"저것은 우리에게 복을 주는 분들을 그려 놓은 거라오."

가만히 살펴보니 여러 가지 무늬의 도장 같은 것이었어요.

"이건 무엇에다 새기신 건가요?"

이렇게 물었더니 방 한 구석에서 무언가 한아름 들고 왔어요.

짐승의 뼈였어요. 바로 소뼈, 말뼈, 호랑이뼈, 낙타뼈 같은 단단한 것에 뾰족한 돌칼로 새긴 것이었어요.

"우리 식구는 거북이가 복을 준다고 믿고 있지요."

*숭배
우러러 받드는 것

거북이 그림은 제법 그럴듯했어요.

"우리 집은 용이에요."

"우리 집은 뱀이에요."

"우리 집은 독수리예요."

대개 짐승과 새의 그림이 많이 새겨져 있었어요. 어떤 집에는 물고기, 무서운 호랑이와 사자 그림도 보였어요. 하늘에 있는 별, 해, 달 모양을 그리기도 했고요.

원나라 사람들은 뼈에 자기가 믿는 것의 모양을 그대로 파서 지워지지 않는 물감으로 벽이나 나무 기둥에 잘 보이게 찍어 놓았어요. 서양에서는 좀처럼 보지 못하던 신기한 풍습이었지요.

또 어떤 집에서는 나무를 잘라서 돌로 반듯하게 다듬은 다음 그곳에 무늬와 그림을 새기기도 했어요.

"언제부터 동물과 새와 물고기가 당신을 지켜 준다고 믿게 되었
나요?"

"아주 옛날 조상님 때부터 지켜 온 것이지요."

사람들은 자기 집의 수호신＊을 정성을 다해 모셨어요.

먼 지방에는 아직도 칭기즈 칸이 나라를 다스리는 줄 아는 사람
이 많았어요.

"나으리, 몽골에서 왔수? 우리한테 빼앗아 갈 게 뭐 있다고?"

깊은 산골에는 먹을 것이 많지 않았어요. 어쩌다가 산에서 멧돼
지나 노루를 잡으면 동네 사람들이 모두 모여 나누어 먹는다고 했
어요.

농사를 짓는 사람도 있었고, 강이나 개울에서 물고기를 잡아오기
도 하고, 겨울에 먹을 것을 준비하느라 나무 열매를 따서 말리는 사
람도 보였어요.

마르코 폴로는 여러 지방을 찾아다니는 게 제일 신났어요.

'이번엔 황제께서 어디로 보내 주실까?'

마르코 폴로는 방방곡곡을 돌아다니며 온갖 진기하고 새로운 일
들을 빠짐없이 머릿속에 담아 두었답니다. 더 많은 것을 보고 배우
고 싶어했던 마르코 폴로는 편안하게 쉬는 날이 별로 없었어요.

　그때만 해도 유럽 사람들은 먼 동쪽에 사람이 산다는 것을 잘 몰랐어요. 자기들이 사는 곳이 세상의 전부라고 생각했던 거예요. 가끔 멀리 배를 타고 나간 상인들만이 다른 세상에 대한 얘기를 소문으로만 알 뿐이었어요.

　그래서 마르코 폴로는 하나라도 더 자세히 보고 느끼고 싶었어요. 나중에 고향에 돌아가면 자기가 보고 느낀 대로 사람들에게 알려 주고 싶었거든요.

　벌써 여러 해가 지나갔어요. 왕궁에서 오래 일하다 보니 여러 관리들과 친해졌어요. 그 중에는 무술을 잘해서 황제를 지켜 주는 사람도 있었지요.

　하루는 말을 잘 타는 관리와 농촌 마을에 가게 되었어요. 이번에도 황제가 지방의 민심*을 살피고 오라는 명을 내려 말을 타고 아주 먼 곳까지 갔어요. 그 친구는 어렸을 적부터 말타기에 뛰어나 뽑혀 왔다고 했어요.

　"우리가 타고 온 저 말들은 행복한 녀석들이야."

　도중에 샘가에 앉아 쉬면서 친구가 말했어요.

　"행복한 말이라니? 먹을 것도 제대로 주지 못했는데."

　"옛날에는 너무 먹을 것이 없어서 늘 배가 고팠거든. 그래서 아이들은 어쩌다 말을 보게 되면 가까이 다가가서 날카로운 것으로 쿡 찔렀어. 그래서 피가 나면 그걸 빨아먹곤 했다네. 나도 어릴 때 한두 번 그런 적이 있지."

　"그게 정말인가?"

　"응, 그러고 나면 바로 말의 등에 난 상처에 약을 발라 주었어. 그럼 금세 피가 멈췄거든."

　마르코 폴로는 친구의 말에 더욱 호기심이 생겼어요.

　마을에는 가축을 기르는 집이 많았어요. 뿔이 굉장히 큰 염소도 있고, 귀가 짧고 꼬리가 긴 토끼는 마당가에서 놀고 있었어요.

* 민심
일반 백성들의 마음.

　　여우처럼 긴 꼬리를 자랑이라도 하듯 개들이 꼬리를 물고 장난을
치고 있었어요.
　　고향에서 보던 동물들과는 아주 다른 모양이었어요. 어떤 집에는
털이 불그스름한 소 한 마리가 두 사람을 보고는 "음메" 하고 울었
어요.
　　"이곳에서는 소가 집을 지킨다네. 낯선 사람이 오면 저렇게 소리
를 내지."
　　소는 자꾸 입을 벌려 두 사람에게 뭔가 말하려는 듯했어요.
　　"저것 봐. 반갑다는 표시야."
　　"그래? 영리한 소구나."
　　"여기서는 소가 가족이나 마찬가지야. 우리들 옷이 소의
　　색깔과 비슷한 붉은 색이라 더 반가워하는 거야."
　　가만히 들여다보니 눈이 초롱초롱 빛나고
있었어요.
　　"우리 나라 사람들이 가장 귀하게 여기는
　　동물이 뭔지 아나? 바로 용이야."
　　"용?"

용이 뭔지 잘 모르는 마르코 폴로는 어리둥절했어요. 친구는 용의 생김새를 자세하게 설명해 주었어요.

"용은 머리에 뿔이 나 있고, 아주 용맹스럽게 생겼지. 호랑이의 눈에, 기다란 몸은 황금 비늘로 덮여 있어. 입에서는 불을 뿜고, 한 번 소리를 치면 온 세상이 들썩들썩한다네. 하늘에서만 살기 때문에 좀처럼 볼 수가 없지. 그런데 이곳 사람들이 용에게 미움을 샀어."

"아니, 왜?"

"용에게 제사 지내는 일을 게을리했거든. 이 동네 동물들 모습이 좀 이상하지? 그게 다 용이 벌을 내린 탓이라네."

넓디넓은 원나라에는 이렇게 숨어 있는 이야기도 많았어요. 마르코 폴로는 더욱 흥미로운 이야기를 찾아내기 위해 애썼어요.

원나라에는 커다란 시장이 있었고, 많은 사람들이 물건을 사고팔았어요. 이때 대부분은 서로 물건을 바꾸는 물물교환을 행했지요.

어느 날 마르코 폴로는 연경의 골목길을 찾아 나섰어요. 몇 채 안 되는 허름한 집이 옹기종기 모인 동네였어요.

길거리에서 물건을 서로 바꾸는 모습이 보였어요.

"이 닭을 줄 테니 밀 한 바가지만 주시오."

"옷을 만들 옷감을 주시오. 내가 갖고 온 건 산에서 캔 나물이오."

마르코 폴로는 문득 고향 생각이 났어요.

베네치아에는 멀리서 배를 타고 온 상인들이 비싼 진주나 보석을 팔기도 하고, 비단옷이나 철로 된 쇠붙이를 팔고 사기도 했지요. 하지만 원나라에서는 먹을 것을 서로 교환하는 게 시장에서 주로 하는 일이었어요.

"이 과일 잘 익었지요? 쌀이 있으면 바꿔 주세요."

"마실 술이 있소? 이건 나무에 무늬를 새긴 것이고, 뼈에 새긴 것도 있다오."

또 하나 눈에 띄는 것은 대나무로 만든 그릇들이었어요. 원나라에는 대나무와 뽕나무가 많았답니다. 둥그렇게 손으로 엮어 만든 그릇들이 수북하게 쌓여 있었어요. 대나무를 가늘게 잘라서 여러 가지 가구를 만드는 기술자도 많았어요.

쿠빌라이 칸 황제도 대나무 제품을 매우 좋아했어요. 그래서 원나라 여기저기에는 하늘을 찌를 듯 굵고 큰 대나무가 많이 자라고 있었어요.

좁은 골목길에는 나무 열매와 과일이 놓여 있었어요. 꽥꽥 소리를 내는 오리도 보이고 빨간 볏을 자랑하는 닭도 보였지요.

지방이나 일반 백성들이 사는 곳에서는 이렇게 물건을 서로 바꾸는 것이 일반적이었지만, 신하들이 황제를 모시고 사는 왕궁은 좀 달랐어요. 바로 종이돈을 사용한 것이었습니다. 요즈음 사용하는 지폐와 비슷한 종이돈은 뽕나무 껍질로 만들었어요.

중국은 세계에서 가장 먼저 종이를 만든 나라랍니다. 그래서 나

▲ 인도나 극동 지역에서 생산되는 진귀한 보석.

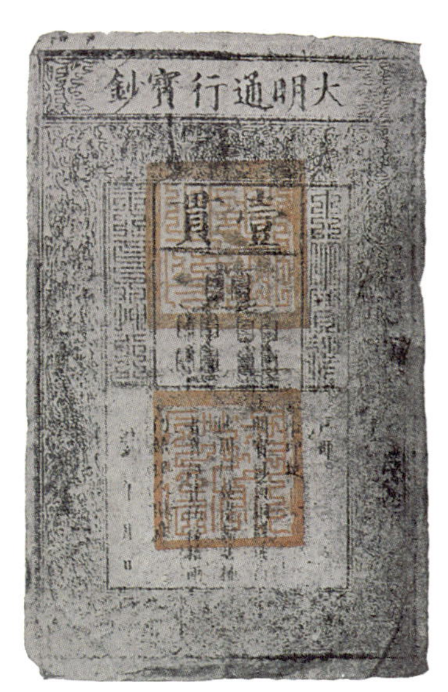

▲ 중국의 종이돈.

무껍질을 종이로 만드는 기술도 가지고 있었던 거지요. 처음에는
뽕나무 껍질로, 나중에는 닥나무* 껍질로 종이를 만들었어요.

옛날에 우리 나라에서 닥나무 껍질로 한지를 만들어 썼듯이 원나
라에서도 같은 방법으로 종이를 만들었을 거예요.

나무 껍질을 물에 오래 불린 후 속껍질을 다시 벗겨 솜처럼 뜨는
걸 가라앉혀 하얗고 누런 종이를 만들고 있었어요.

이 종이에 옥새*를 선명하게 찍었는데, 그것이 황제가 인정한 돈
이라는 증명인 셈이었지요.

지금의 인주* 같은 것을 묻혀 찍은 옥새는 색깔이 쉽게 변하지 않
아서 오래오래 사용할 수 있었지요.

연경에서는 이 종이돈으로 물건을 사고팔았답니다. 그 전만 해도
돈은 무거운 쇠붙이로 만들었기 때문에 많은 돈을 가지고 다니지
못해 불편했지만, 이제는 가벼운 종이돈이라 아무리 많은 돈을 가
지고 다녀도 전혀 불편하지 않았지요. 마르코 폴로는 원나라 사람
들의 지혜로움에 다시 한 번 감탄했어요.

대륙 사람들의 지혜

가뭄이 계속되던 어느 날이었어요. 쿠빌라이 칸 황제는 마르코 폴로를 불렀어요.

"오랫동안 비가 오지 않아 큰일이구나. 사람들이 어떻게 먹고사는지 잘 살펴보고 오도록 하라."

"예, 황제 폐하. 분부대로 자세히 살피고 오겠습니다."

이렇게 대답하고 달려간 곳은 밭농사를 많이 짓고 있는 초원 마을이었어요.

　　사람들은 쟁기를 끌고 땀을 뻘뻘 흘리며 열심히 일을 하고 있었어요.

　'가뭄이 길어 모두 밭농사를 망쳤겠구나.'

　이런 생각을 하며 마르코 폴로는 마을에 도착했어요. 그런데 놀랍게도 곡식이며 채소가 싱싱하게 자라고 있었답니다. 한 농부가 그 이유를 알려 주었어요.

　"하늘만 보고 있으면 어찌합니까. 모두 달려나와 샘을 파고 물을 길어 올렸지요. 쉴 새 없이 물을 주었더니 이렇게 농사가 잘 되었답니다."

　과연 곡식알을 만져 보니 잘 여물어 가고 있었어요. 채소도 파릇파릇한 이파리가 아주 싱싱했어요. 마르코 폴로는 감탄했어요.

　"참 부지런하시군요! 가뭄을 이겨 내는 지혜가 놀랍습니다."

　이렇게 위로하고 돌아오려고 하는데 농부가 마르코 폴로를 잡았어요. 밥을 먹고 가라는 것이었어요. 마침 배가 고팠던 마르코 폴로는 고마운 마음으로 농부네 집으로 갔습니다.

농부의 아내가 마르코 폴로를 반갑게 맞이하면서 음식을 내왔답니다.

"이걸 드셔 보세요."

실처럼 길고 가는 것이었어요. 입에 넣었더니 구수하고 쫄깃한 것이 아주 감칠맛이 났어요.

"정말로 맛있군요. 이 음식이 무엇입니까?"

"이건 국수라고 하지요. 이 지방 사람들은 오래 전부터 국수를 즐겨 먹는답니다."

마르코 폴로는 자꾸자꾸 궁금증이 생겼어요.

"이 국수는 무엇으로 만듭니까?"

농부는 대답 대신 손가락으로 밭을 가리켰어요.

"저 밭에 자라는 밀을 가루로 만들어 반죽해 만든답니다."

마르코 폴로는 얼른 일어나 밭으로 갔어요.

이삭이 패어 밀이 누렇게 익어 가고 있었어요. 끝없이 펼쳐진 넓은 밭에 국수를 만드는 밀이 가득 자라고 있었어요.

그날 늦게 마르코 폴로는 왕궁으로 돌아왔어요. 황제에게 농부들이 가뭄을 지혜롭게 이겨 내고 있는 모습을 전했더니 황제는 크게 기뻐했어요.

"역시 우리 원나라 백성들은 정말 지혜롭구나."

그리고 오늘 맛본 국수 얘기도 빠뜨리지 않았어요.

"하하하, 국수가 그렇게도 맛이 있더냐?"

"예, 그러하옵니다. 그런 맛은 처음이었습니다."

황제도 입맛을 다시며 자세히 일러 주었어요.

"국수는 우리 원나라 사람들이 많이 먹는 음식이지. 종류도 아주 많고 맛도 아주 다양하다네."

황제는 긴 수염을 만지면서 하늘을 올려다보았어요.

"비가 오지 않아 걱정이었는데 다행이구나. 농부들이 슬기롭게 이겨 내고 있으니 말이야."

마르코 폴로는 다시 한 번 오늘 본 밀밭의 풍경을 떠올렸어요. 어서 고향에 돌아가 사람들에게 맛있는 국수 만드는 법을 알려 주고 싶었어요.

나중에, 마르코 폴로는 이탈리아로 돌아가 실제로 사람들에게 국수 만드는 법을 알려 주었어요. 그것이 지금 우리가 먹는 이탈리아 국수 스파게티*랍니다.

원나라에는 크고 높다란 성을 쌓는 작업이 여기저기서 벌어지고 있었어요. 산에는 커다란 돌을 나르는 사람들이 수도 없이 모여 있어 멀리서 보면 마치 개미 떼 같았어요.

*스파게티
이탈리아 식으로 만든 국수 요리. 마카로니와는 달리 가운데 구멍이 없는 가는 국수에 독특한 소스를 쳐서 먹지요.

"빨리빨리 움직여!"

기다란 채찍을 든 병사가 소리쳤어요.

"아이구, 힘들어. 저 성을 언제 다 쌓지?"

모두 기진맥진* 힘들어하고 있었어요. 높은 산꼭대기에서 큰 돌이 데굴데굴 굴러 떨어져 일하던 사람이 다치기도 했어요.

성 쌓기는 결코 쉬운 일이 아니었어요. 그 많은 사람들의 피와 땀이 모여 성은 조금씩 제 모습을 드러내고 있었지요.

마르코 폴로는 지금껏 이렇게 큰 공사를 본 적이 없었어요. 그래서 더욱 놀라운 눈으로 성 쌓는 모습을 지켜보았어요.

눈 내리는 겨울에도 공사는 계속되었어요. 얼어붙은 손을 호호 불며 큰 돌을 밧줄로 동여매 운반하고 있었지요.

마르코 폴로는 성 쌓기가 한창인 곳으로 다가갔어요. 왕궁에서 나온 관리라는 걸 안 사람들이 불평을 하기 시작했어요.

▲ 중국의 만리장성.
흉노족을 막기 위해 기원전 3세기에 진시황
제가 쌓기 시작하여, 지금의 모습은 명대에
완성되었어요.

"이 성 쌓기는 언제 끝납니까? 정말 힘들어 죽겠어요. 추위 때문에 동상에 걸린 일꾼들이 엄청나다고요."

돌을 나르는 병사와 일꾼들은 모두 추위에 떨며 지쳐 있었어요.

"이 검정 돌마저 없었다면 우리는 벌써 얼어 죽었을 겁니다. 이게 밤새도록 따뜻하게 해 주거든요."

마르코 폴로는 귀가 번쩍 뜨였어요.

"뭐라고요? 검정 돌이라고요?"

가까이에서 보니 잘 부서지는 것이 돌은 아니었어요. 돌처럼 단단하지는 않지만 덩어리로 되어 있었어요.

이것은 몇천 년 동안 나무와 동물만 살던 깊은 산 속 골짜기의 땅 속에서만 나는 돌이라고 했어요. 이곳 사람들은 이걸로 불을 피우고 있었어요.

일꾼들은 불가에 모여 언 몸을 녹이면서 한마디씩 했어요.

"이 검정 돌은 나무하고 아주 다르단 말이야. 금방 타 버리지도 않고 밤새도록 천천히 타니까 불을 오래 쬘 수 있잖아."

"이건 돌은 돌인데 나무와 잎이 썩어서 만들어진 돌이야."

"그것만이 아니라네. 산 속의 짐승이 죽어서 남긴 뼈가 썩은 것도 섞여 있어."

"아무 데나 이런 검정 돌이 나오지 않아. 흙이 썩기에 좋아야 하고 햇볕도 알맞아야 해."

가만히 들어보니 일리가 있는 말이었어요. 마르코 폴로는 아무 말도 하지 않고 계속 일꾼들의 이야기를 들었어요.

"맞아. 몇천 년, 몇만 년 썩으면서 굳어진 흙돌이야. 여기에 불이 붙어 우리를 따뜻하게 해 줄 거라고 누가 짐작이나 했겠나."

한 일꾼이 내뱉은 말에 마르코 폴로는 눈앞이 환해지는 걸 느꼈어요.

'그래, 이 검정 돌이 베네치아에도 있을지 몰라. 깊은 산 속의 땅을 파 보면 분명 이런 검정 돌이 나올 거야. 이걸로 불을 때면 나무처럼 땔감이 많이 들지도 않을 거야.'

마르코 폴로가 본 건 바로 석탄*이었어요. 마르코 폴로는 벌겋게 타오르고 있는 돌덩이들을 보며 생각에 잠겼어요. 언젠가 고향에 돌아가게 되면 꼭 사람들에게 석탄을 찾아보게 해야겠다는 생각에 깊이 빠져 있었답니다.

*석탄
땅 속에 묻힌 식물이 오랫동안 땅의 압력과 열을 받아 변질해서 생긴, 타기 쉬운 퇴적암이에요. 연료 또는 화학 공업 재료로 널리 쓰이지요.

공주님을 모시고

쿠빌라이 칸 황제에게는 코카친이라는 공주가 있었어요. 얼굴도
예쁘고 마음씨 또한 착해서 황제가 매우 사랑하는 딸이었어요.

마르코 폴로가 원나라에 온 지 17년째 되던 어느 봄날이었어요.
황제는 신임*이 두터운 신하를 불러모았어요.

"오늘은 기쁜 날이다. 저 서쪽 나라에서 사신이 온다고 하는군."

갑자기 사신이 온다는 황제의 말에 모두 어리둥절했어요.

얼굴 가득 웃음을 띤 황제는 다시 말을 이었어요.

"오래 전부터 혼담*이 오갔는데, 드디어 일한국*의 왕이 우리 코
카친을 왕비로 맞기로 결정했다 하오."

*축배
축하의 술을 마시는 술잔.

항상 코카친 공주가 좋은 배필을 만나기를 바라던 신하들은 모두 기쁨을 감추지 못했어요.

일한국의 왕은 매우 총명하고 용맹스러웠어요. 그런 일한국의 왕이 아시아의 넓은 곳을 다스리던 원나라 황제의 딸과 결혼하여 행복하게 살고 싶다는 편지를 보내온 것이었어요.

왕궁은 온통 잔치 분위기였어요. 황제는 서쪽 나라와 사이좋게 사돈을 맺게 된 것을 기뻐하며 축배*를 들자고 했어요.

공주를 모시고 떠나야 할 날이 며칠 남지 않았어요. 쿠빌라이 칸 황제는 깊은 생각에 잠겼어요.

'공주가 아무 탈 없이 일한국에 도착해야 할 텐데, 누구에게 이 중요한 임무를 맡겨야 하나?'

일한국으로 가는 길은 멀고 험했어요. 배를 타고 2년이 넘게 가야 하는 먼 곳이었지요. 폭풍우도 맞게 되고, 해적을 만날지도 모르는 일이었어요. 황제는 걱정이 이만저만이 아니었어요.

고민하던 황제는 신하들을 모두 불러모았어요.

"코카친 공주를 일한국까지 호위할 사람을 결정해야 한다. 과연 누가 좋을까……."

황제는 주위를 둘러보며 공주를 안내할 신하를 찾았어요. 그리고는 갑자기 옥좌에서 일어나 손바닥을 탁탁 두 번 쳤어요. 나라의 중요한 일을 결정할 때 하는 행동이었지요.

"정하셨나 보다. 쉿! 누굴까?"

신하들은 숨을 죽이고서 기다렸어요. 황제는 천천히 말을 꺼냈습니다.

"내 곁에서 맡은 일을 훌륭히 해낸 그대를 보내고 싶지 않지만 워낙 중요한 임무이기에 어쩔 수 없이……."

결국 황제는 마르코 폴로를 향해 말했어요.

황제는 마르코 폴로를 오래오래 곁에 두고 싶어했지만 공주를 안전하게 보내기 위해 어쩔 수 없이 결정을 내릴 수밖에 없었어요.

"공주가 무사히 도착하면 그곳에서 네 고향에 가도 좋다."

마르코 폴로는 꿈만 같았어요. 드디어 고향으로 돌아간다고 생각하니 자꾸만 가슴이 뛰었어요. .

'내 어릴 적 모험의 꿈은 충분히 이루었어. 이제 공주님을 무사히 모셔야 하는데……'

마르코 폴로는 설렘과 걱정으로 잠도 오지 않았어요.

▲ 쿠빌라이 칸 황제.

1292년, 드디어 공주님을 모시고 떠나는 날, 아침이 밝았어요. 왕궁 앞에 기마병*들이 길게 늘어서 있었어요.

공주님을 태운 마차가 움직이기 시작했어요. 마차는 배를 타기 위해 바닷가로 향했어요.

바다에는 특별히 만든 공주님의 배가 떠 있었어요. 나머지 일행은 열 척이 넘는 배에 나누어 탔어요. 드디어 배가 일한국을 향해 출발했습니다.

모든 책임을 맡은 마르코 폴로의 어깨가 무겁기만 했어요. 2천 명이 넘는 일행에게 할 일들을 하나씩 일러주느라 정신이 없었어요.

"이제 긴 항해를 하게 된다. 돌림병*이 돌 수도 있고 무서운 해적이 덤벼들지도 모른다. 한순간도 긴장을 늦추지 말고 공주님을 모셔야 할 것이다."

배 안에서는 요리사, 의원, 호위병, 노를 젓는 선원 등이 각자 맡은 일들을 하며 부지런히 움직였어요.

어느 날은 폭풍우가 많은 비를 퍼부으며 휘몰아치기도 했어요. 그럴 때면 능숙한 선원은 바람의 방향에 따라 높이 단 돛을 움직이며 뱃길을 잡았어요.

"공주님을 무사히 모셔야 한다. 모두 빈틈없이 맡은 일을 해내도록 하라!"

마르코 폴로는 하루에도 몇 번씩 배 안을 돌아보며 선원들에게 단단히 일렀어요.

출발한 지 벌써 여러 달이 지났어요. 갈수록 항해는 힘들었어요.

"나으리, 어젯밤 비바람에 선원 몇 사람이 바다에 빠져 그만 죽고 말았어요."

"우리 배에 탄 사람들은 돌림병 때문에 모두 눕고 말았어요. 이러다가는 배 안에서 떼죽음을 당할지도 모르겠어요."

선원들은 겁에 질려 제대로 말도 못했어요.

"진정해라. 어떤 어려움이 닥쳐도 우린 공주님을 안전하게 모셔야 해. 용기를 잃어서는 안 된다."

마르코 폴로는 선원들에게 힘을 북돋아 주며 뱃길을 재촉했어요.

햇볕이 따갑게 내리쬐는 날, 마르코 폴로는 주머니에서 뱃길을 그려 놓은 종이를 꺼냈어요. 제대로 길을 가고 있는지 알아보기 위해서였지요.

'지금 가는 곳이 아마 인도 남쪽 바다일 거야. 조금만 더 가면 일 한국이 훨씬 가까워질 테지.'

마르코 폴로는 물씬 풍겨 오는 바다 냄새를 맡으며 울렁이는 가슴을 가라앉혔어요. 그리고 고향을 생각했어요.

'공주님을 목적지에 모셔다 드리고 다시 북쪽으로 올라가면 그리운 내 고향 베네치아가 나올 테지.'

자꾸만 종이 쪽지를 들여다보던 마르코 폴로는 깊숙이 넣어 둔 금막대기를 꺼내 들었어요. 떠나올 때 황제가 준 것이었어요.

'이것만 있으면 아시아 어디에나 갈 수 있고 먹을 것도 구할 수 있어. 이것이 우리를 지켜 줄 거야.'

햇빛을 받아 더욱 빛나는 금막대기를 바라보면서 마르코 폴로는 다시 한 번 마음을 추슬렀어요.

마침내 고향으로 돌아오다

마르코 폴로 일행은 인도 남쪽 바다를 지나고 있었어요. 원나라
에 있을 때 인도 근처를 여행하던 일이 떠올랐어요.

황제는 마르코 폴로에게 드넓은 원나라 땅을 자주 살펴보도록 했
어요.

"이번에는 좀 먼 곳이야. 서쪽 끝이지. 장사꾼이 낙타를 타고 우
리 땅을 오간다고 하는데, 어떤 물건이 사고팔리는지 잘 살피도
록 하라."

마르코 폴로는 무척 즐거웠어요. 호기심이 많고 모험을 좋아해서
가 보지 못한 곳은 어디든 찾아가고 싶었거든요.

듣던 대로 많은 상인들이 낙타에 짐을 가득 싣고 왕래하고 있었
어요. 그때 이미 페르시아 사람들도 원나라 국경까지 찾아와 장사
를 했어요.

"이걸 맛보시오. 페르시아에서 많이 나는 대추야자*랍니다."

대추야자는 정말 달고 맛있었어요.

낙타 등에 싣고 다니는 커다란 보따리에는 신기한 물건들이 가득
담겨 있었어요.

어느 날, 마르코 폴로는 샘터에서 한 상인을 만났어요. 얼굴이 까
맣게 탄 것을 보니 꽤 먼 곳에서 온 상인인 것 같았어요.

"당신은 어디서 왔소?"

마르코 폴로가 물었어요.

하지만 그 상인은 의심이 가득한 눈으로 마르코 폴로를 쳐다볼

▲ 베네치아의 산 마르코 광장에 등장한
초대형 유람선.

* 대추야자
건조한 열대 지역에서 재배되는 야자나무
과의 식물. 높이는 30미터 정도이며 달걀
모양으로 생긴 열매는 매우 달지요. 마른 과
일은 곶감을 닮았고, 아랍 지역 사막 유목민
의 귀중한 식품이랍니다.

뿐이었어요.

"난 동쪽 원나라 사람이오. 강도가 아니니까 마음 놓으시오."

그제야 상인은 빙그레 웃음을 띠며 말문을 열었어요.

"반갑소. 나도 당신 나라에 가 보고 싶지만 통행증이 없어 못 간다오."

낙타를 타고 온 장사꾼은 인도의 서쪽 지방에서 왔다고 했어요.

"그곳에는 무엇이 유명합니까?"

궁금한 게 많은 마르코 폴로가 슬쩍 물었어요.

"땅 속에서 나오는 기름이지요."

"뭐요? 땅에서 기름이 나온다고요?"

"그렇소. 그 기름으로 집에서 불을 밝히기도 하지요."

마르코 폴로는 귀가 솔깃했어요. 상상만 해도 신이 났어요.

"그렇구나. 땅 속에 묻힌 검은 돌(석탄)처럼 기름도 좋은 땔감이 되고 불빛을 내는구나."

그날 땅 속에서 나온다는 기름 이야기를 들은 후부터 마르코 폴로는 불길이 치솟는 꿈을 꾸었어요. 생각만 해도 가슴이 뛰고 울렁거렸답니다.

'베네치아도 땅 속에 기름이 묻혀 있을까?'

이제 곧 돌아가게 될 고향이 다시 생각났어요.

마르코 폴로는 또 바닷길이 그려진 종이를 들여다보았어요. 오늘은 심하게 바람이 불어 배가 몹시 흔들렸어요.

'아직 갈 길이 먼데 날씨가 이처럼 나쁘니 걱정이구나. 공주님께서 뱃멀미라도 하면 큰일인데……'

충직*한 신하인 마르코 폴로는 비바람이 불면 공주님이 가장 먼저 걱정이 되었어요.

배는 푸른 파도를 헤치며 밤낮 없이 항해를 계속했어요. 처음 떠날 때에 비하면 배에 남은 사람이 반도 되지 않았어요.

"먼 바닷길에 안타깝게도 목숨을 잃은 사람이 많지만 공주님이 건강하시니 얼마나 다행인가. 모두 그대들이 힘쓴 덕분이다."

마르코 폴로는 살아남은 사람들을 위로했어요. 배는 이제 거침없이 앞으로 나아갔어요. 일한국이 손에 잡힐 듯 가까이 다가왔어요. 드디어 공주님을 모시고 무사히 도착한 거예요.

"오, 기쁘도다. 공주님을 모신 배가 드디어 오고 있다니."

초조하게 기다리던 일한국 왕은 신하들을 바닷가로 보내 아주 정중하게 공주님을 맞이했어요.

마르코 폴로는 공주님께 작별 인사를 했어요.

"공주님, 부디 건강하시고 행복하십시오."

"그대의 공은 말할 수 없이 크오. 나를 무사히 호위한 일은 역사에 길이 남게 될 것이오."

공주는 마르코 폴로를 크게 칭찬해 주었어요.

이제 가족과 친구가 기다리고 있는 베네치아로 가는 일만 남았어요. 마르코 폴로는 하루라도 빨리 고향 땅을 밟고 싶었어요. 몸은 지쳐 있었지만 북쪽에 있는 이탈리아를 향해 다시 발걸음을 옮기기 시작했어요.

세상을 놀라게 한 〈동방견문록〉

▲〈동방견문록〉 초판 인쇄본의 속표지.
그림은 젊은 시절의 마르코 폴로예요.

＊운하
배가 다니게 하거나, 농지에 물을 대거나 또
는 물을 사용하기 위하여 땅을 파서 만든
수로를 말해요.

꿈에 그리던 고향 베네치아가 가까워졌어요. 마
르코 폴로는 가슴이 터질 듯 기뻤어요. 친구들과
뛰놀던 광장과 배가 드나드는 운하＊가 눈에 들어
왔어요.

"그 애는 죽은 게 틀림없어. 20년이 넘도록 소식
이 없으니 어찌 살아 있다고 하겠소."

동쪽 나라로 떠난 후에 소식이 없어 안타까워하
던 가족들은 마르코 폴로를 보고 깜짝 놀랐어요.
그들은 서로 부둥켜안고 엉엉 울었답니다.

소식을 들은 동네 사람들이 몰려와 동쪽 나라에
대한 것들을 이것저것 물어보았어요.

"어디에서 살다 왔나요?"

"돌아오는 데 몇 해가 걸리던가요?"

"거기 사는 사람들도 눈, 코, 귀가 있나요?"

"사람을 잡아먹는 동물이 있다던데 그게 정말인
가요?"

"장가는 갔소?"

마르코 폴로는 수많은 질문에도 귀찮아하지 않고, 그동안 본 것
들을 차근차근 들려주었어요.

마르코 폴로는 주머니에서 종이돈을 꺼내 사람들에게 보여 주었
어요. 빨갛게 찍힌 황제의 선명한 옥새를 보고 다들 신기해 했어요.

이번에는 헝겊에 싸서 보자기에 담아 온 까만 석탄을 보여 주었더니 또 그게 뭐냐며 모두들 모여들었어요. 황제의 표시인 봉황* 무늬가 있는 금막대기를 보고 나서야 사람들은 마르코 폴로가 동쪽 나라에 다녀왔다는 사실을 믿었어요.

바쁜 하루 하루를 보내고 있던 어느 날 큰일이 일어났어요.

"전쟁이 났어요. 제노바* 사람들이 쳐들어오고 있어요!"

이탈리아의 같은 항구 도시인 제노바 사람들은 오래 전부터 베네치아를 부러워했어요. 상인들이 베네치아로만 몰렸기 때문이지요. 속상해진 제노바 사람들은 베네치아를 미워하게 되었고, 결국 전쟁을 일으켰어요.

"나쁜 사람들 같으니라고. 잘 사는 게 그렇게도 샘이 났나?"

마르코 폴로는 참을 수 없었어요. 코카친 공주를 호위할 때 가지고 온 활을 꺼내 들었어요.

"내 활솜씨를 보여 주마."

마르코 폴로는 왕궁에서 익힌 무술과 활솜씨로 앞장서서 적을 쫓아냈어요. 적들은 마르코 폴로의 화살을 맞고 힘없이 쓰러졌어요.

전쟁터에 나온 사람들은 마르코 폴로의 뛰어난 활솜씨를 보고 모두 감탄했어요.

"저 사람의 활쏘기에 제노바 사람들이 꼼짝 못해요. 백발백중*이에요."

제노바 사람들은 당황하기 시작했어요.

"안 되겠다. 저 활 때문에 지고 말겠구나."

제노바 사람들은 마르코 폴로를 잡아들이기 위해서 작전을 세웠어요.

"싸움에 뛰어난 병사를 모아 밤에 습격하자. 저 사람의 활을 빼앗고 산 채로 체포해야 해!"

적을 지휘하던 우두머리의 작전으로 그날 밤 마르코 폴로는 제노바의 포로가 되었어요.

"이놈들, 내 화살이 그렇게도 무섭더냐? 이건 동방*의 무기다."

"뭐라고? 동방의 무기라고? 동방에도 사람이 산단 말이냐?"

적은 마르코 폴로를 감옥으로 데려가면서 꼬치꼬치 물었어요.

"흥! 너희처럼 비겁한 놈들에게는 말하지 않겠다."

마르코 폴로는 입을 꽉 다물었어요.

제노바의 감옥에 들어오는 포로가 점점 늘어났어요. 포로들은 베네치아의 승리를 위해 눈을 감고 기도 했어요.

감옥살이는 지루했어요. 햇빛이 들어오 지 않는 좁은 방에 갇혀 있으니 답답하 기만 했어요.

포로가 되어 들어오는 사람들은 서로 눈짓을 하며 용기를 잃지 말 자고 다짐했어요.

"쉿! 큰 소리로 말하면 얻어 맞아."

수염이 덥수룩한 포로가 귀 띔해 주었어요. 나이가 들어 보였지만 눈빛은 초롱초롱했 어요.

그는 마르코 폴로에게 말을 건네며 슬그머니 손을 잡아 주 었어요.

"난 루스티첼로입니다. 당신 은 누구요?"

"마르코 폴로예요. 당신은 어쩌다 감옥에 오게 되었소?"

"난 원래 글을 쓰는 사람인데 제노바 사람들을 혼내 주려고 전쟁터에 뛰어들었다가 그만……."

몹시 화가 난 표정으로 말하던 루스티첼로는 목소리를 낮추어 다정하게 물었어요.

"당신은 어떤 일을 하다가 포로가 되었소?"

마르코 폴로는 머뭇거리다가 그동안 살아온 얘기를 털어놓기 시작했어요.

"내 얘기는 아주 깁니다. 열일곱 살에 베네치아를 떠났다가 얼마 전에 고향으로 돌아왔으니까요."

루스티첼로는 놀란 듯 눈이 휘둥그레졌어요.

"아니, 그토록 오랫동안 도대체 어디에 있었단 말이오?"

"동쪽 나라에 있었다오."

"예? 동쪽 나라 사람은 무시무시하다던데. 땅이 넓다는 얘기는 들었지만."

마르코 폴로는 약 25년 전으로 거슬러 올라가 베네치아를 떠나던 그때의 얘기부터 털어놓았어요. 루스티첼로는 바짝 다가앉아 열심히 마르코 폴로의 얘기를 들었어요.

▶ 화폐 사용을 감독하고 있는 원나라의 쿠빌라이 칸(맨 왼쪽).
〈동방견문록〉 14세기 판본에 수록되어 있는 삽화예요.

▲ 마르코 폴로가 베네치아에서 타고 동방
여행길에 오른 배.

"당신을 만나게 되어 반갑구려. 처음 들어보는 동방의 얘기군요.
내일 밤 또 들려주시오."

이렇게 마르코 폴로와 루스티첼로의 이야기는 밤마다 이어졌어
요. 베네치아를 떠나 남으로 항해할 때 만난 해적 떼 얘기부터 시작
되었어요. 루스티첼로는 길도 없는 넓은 고원과 사막을 걸어서 지
나던 일을 매우 흥미진진하게 들었어요.

"몇 번이나 죽을 고비를 넘겼군요."

루스티첼로는 마르코 폴로의 얘기를 하나도 빠짐없이 귀담아들
었어요. 그리고 주머니에 종이를 꺼내 빠짐없이 적었어요.

"죽을 고생을 하며 찾아간 이야기도 재미있지만, 그곳에서 본 새
로운 것들이 더 흥미 있을 겁니다."

원나라에서의 추억이 눈앞에 아른거리며 그림처럼 펼쳐졌어요. 언제 생각해도 다시 한 번 가 보고 싶은 곳이었어요.

루스티첼로는 이야기를 듣다 말고 늘 이렇게 얘기했어요.

"당신은 정말 훌륭한 탐험가였소. 동쪽 나라를 찾아간 모험은 온 세계를 깜짝 놀라게 할 것이오."

루스티첼로는 이야기를 하다 말고 멍하니 생각에 잠기는 마르코 폴로의 손을 꼭 잡았어요.

"감옥에서 나가면 당신의 모험을 세상에 꼭 알립시다. 글을 써서 말이오."

이렇게 해서 나온 책이 동방을 처음 알리게 된 그 유명한 〈동방견문록〉이랍니다.

한눈에 보는 마르코 폴로의 생애

마르코 폴로는 항상 호기심이 많았어요. 새로운 것을 두려워하지 않고 도전하길 좋아했지요. 이러한 모험심과 탐구 정신이 마르코 폴로가 그토록 험난한 여행을 무사히 마칠 수 있었던 힘이었답니다. 마르코 폴로가 지나갔던 실크 로드는 오늘날 아시아로 통하는 빠르고 중요한 길이 되었지요. 그가 여행하면서 보고 들은 것을 세밀하게 기록한 〈동방견문록〉은 13~14세기 유럽 인들의 동양에 대한 탐험심을 자극해 세계의 역사를 바꿔 놓았습니다.

● 베네치아의 어린 탐험가

▲ 베네치아
이탈리아 북동부에 있는 도시. 물 위의 도시라 불리며, 120개의 섬이 400개의 다리로 연결되어 있어요. 중세 이후 상업이 크게 발달했어요.

마르코 폴로는 1254년 장사꾼들이 모여드는 이탈리아 베네치아에서 태어났어요. 당시 아시아 모든 지역을 다스리던 원나라 황제는 상인이던 마르코 폴로의 아버지와 삼촌을 알게 되었어요.

마르코 폴로는 어린 시절부터 새로운 세계에 대한 호기심이 매우 많았지요. 그래서 열일곱 살이던 1271년에 교황의 편지를 가지고 떠나는 아버지를 졸라 함께 먼 길을 떠났습니다.

일행은 죽을 고비를 여러 번 넘기면서도 4년 동안 긴 여행을 계속했어요. 오직 동쪽 나라에 닿겠다는 생각 하나로 수많은 어려움을 견뎌 냈답니다.

● 원나라의 곳곳을 구경하다

▲중앙아시아의 초원길을 지나는 낙타와 상인들.

1274년, 마르코 폴로는 드디어 원나라에 닿았어요. 그 당시에 아시아 전 지역을 다스리던 쿠빌라이 칸 황제가 반겨 주었지요. 마르코 폴로는 황제의 믿음직한 신하가 되어 많은 곳을 다니며 신기한 동방 세상을 구경했어요. 이탈리아에서는 좀처럼 볼 수 없었던 거대한 성을 쌓는 공사도 보고, 뛰어난 무술도 구경했어요. 또 원나라 곳곳의 풍습을 체험했어요.

▲ 쿠빌라이 칸과 만나는 마르코 폴로 일행.

1291년, 원나라의 코카친 공주가 서쪽 나라 일한국으로 시집을 가게 되었어요. 마르코 폴로는 일한국까지 공주님을 무사히 모시고 가는 중요한 임무를 맡고 원나라를 떠났어요. 원나라에 온 지 17년 만의 일이었습니다.

▲ 중국의 만리장성.

● **고향 베네치아로 돌아오는 길**

공주를 무사히 모셔다 드린 후, 마르코 폴로는 드디어 고향 베네치아로 돌아왔어요. 고향 사람들은 마르코 폴로의 동쪽 나라 얘기에 감탄했어요. 마르코 폴로는 원나라에서 보고 들은 많은 문물을 유럽에 널리 전파했어요.

얼마 뒤, 마르코 폴로는 베네치아가 번창하는 것을 시기하는 제노바 사람들과 싸우다 포로로 잡혔어요. 그는 감옥에서 만난 프랑스 사람 루스티첼로에게 동쪽 나라의 얘기를 들려주었고, 루스티첼로는 마르코 폴로의 이야기를 하나도 빼놓지 않고 적었어요. 두 사람이 석방된 후, 드디어 〈동방견문록〉이란 책을 펴내게 되었어요.

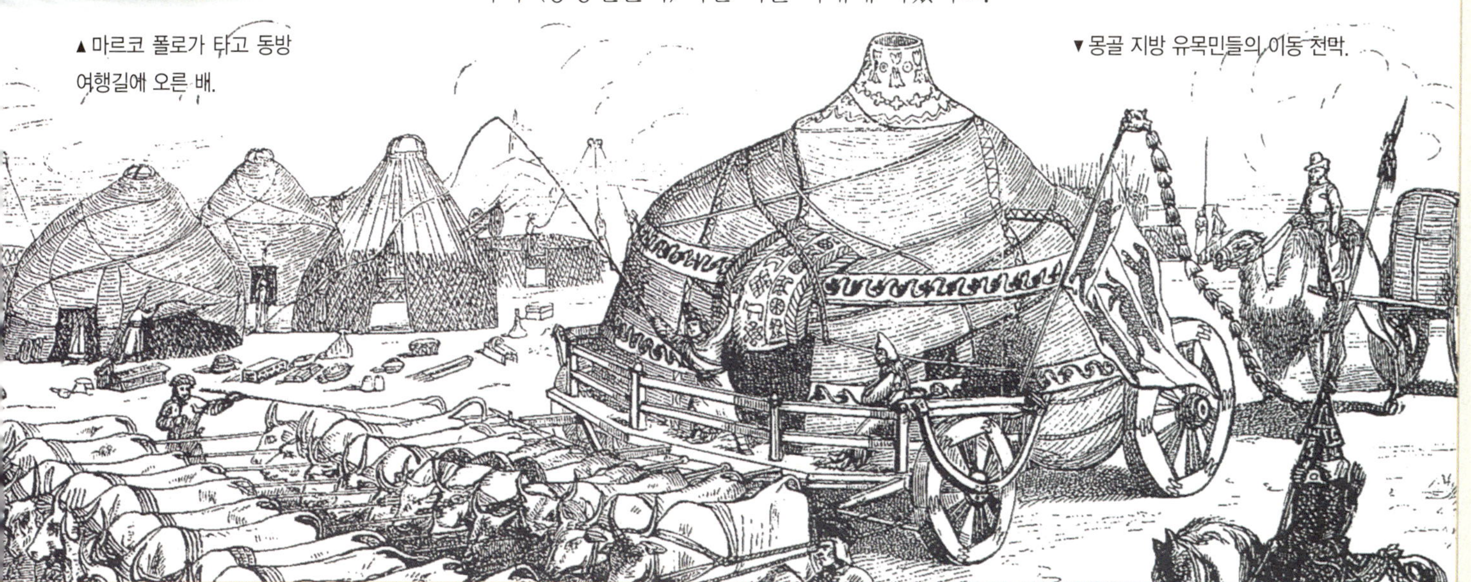

▲ 마르코 폴로가 타고 동방 여행길에 오른 배.

▼ 몽골 지방 유목민들의 이동 천막.

● 마르코 폴로의 여행서 〈동방견문록〉

　인쇄술이 도입된 이후 서양에서 성경 다음으로 읽히는 베스트셀러는 마르코 폴로의 〈동방견문록〉이었어요. 아직 대항해 시대가 열리기 전, 중세의 유럽 인들은 지중해 너머에 있는 인도나 중국 같은 나라에 대해서 아는 것이 거의 없었지요. 확인되지 않은 전설적인 이야기가 마치 사실인 양 떠돌아 다니고 있을 뿐이었어요. 이런 중세 유럽 인들에게 〈동방견문록〉은 미지의 동방 세계에 대한 놀라운 지식의 보고였어요.

　〈동방견문록〉은 여행을 기초로 쓴 것이기 때문에 기행문의 성격을 띠고 있어요. 그러나 단순히 어느 지역을 여행하며 자신이 보고 느낀 것을 적은 것이라기보다는, 13세기 후반 유럽 이외의 다른 지역을 체계적으로 서술했다는 점을 알 수 있어요. 예를 들어 그는 어느 지방에 대해서 이야기할 때, 그 방위와 거리 · 주민의 언어 · 종교, 산물 · 동식물 등을 자세히 기록했어요.

▲ 마르코 폴로

▼ 화폐 사용을 감독하고 있는 원나라의 쿠빌라이 칸(맨 왼쪽).

▲ 〈동방견문록〉

그렇지만 이 책은 딱딱한 '사실'들로만 채워져 있지는 않아요. 상상력을 자극하는 수많은 '일화'들, 믿기 어려울 만큼 놀랍고 신비로운 이야기들이 펼쳐지지요. 또 어느 시대에나 사람들에게 매우 흥미를 느끼게 하는 이야기들로 가득하답니다.

▲ 집에 돌아온 마르코 폴로 가족.

● 쿠빌라이 칸 시대의 원나라

13세기 초, 칭기즈 칸이 세운 몽골 제국은 유라시아 대륙의 북방 초원에 정치적 중심 기지를 두고, 대륙 남방의 농경 지대를 속령으로 지배한 유목 국가였어요. 그리고 그보다 강대한 제국을 건설하려 한 것이 칭기즈 칸의 손자인 쿠빌라이 칸이었지요.

그는 수도를 몽골 고원의 카라코룸에서 화북에 가까운 상두와 화북 안에 있는 칸발릭(베이징)으로 옮겨 화북의 건조 농경 지대를 중심으로 한 중국식 중앙 집권적 관료 국가를 확립했어요. 그는 1271년에 국호를 대원이라 하고 중국 역대 왕조의 계보를 잇는 정통 왕조임을 내외에 선언했어요.

이어 1274~1279년에는 화이허 강 이남 지역에 있던 남송을 평정해서 명실공히 중국 전 영토를 다스리게 되었는데, 이에 멈추지 않고 일본·베트남·미얀마·자바 등지를 원정하여 더욱 큰 제국을 건설했어요. 그러나 그의 죽음과 함께 몽골 제국의 황금기도 막을 내렸습니다.

▲ 칭기즈 칸

▶ 흰 담비 가죽을 걸치고 사냥에 참가한 쿠빌라이 칸(오른쪽에서 두 번째).

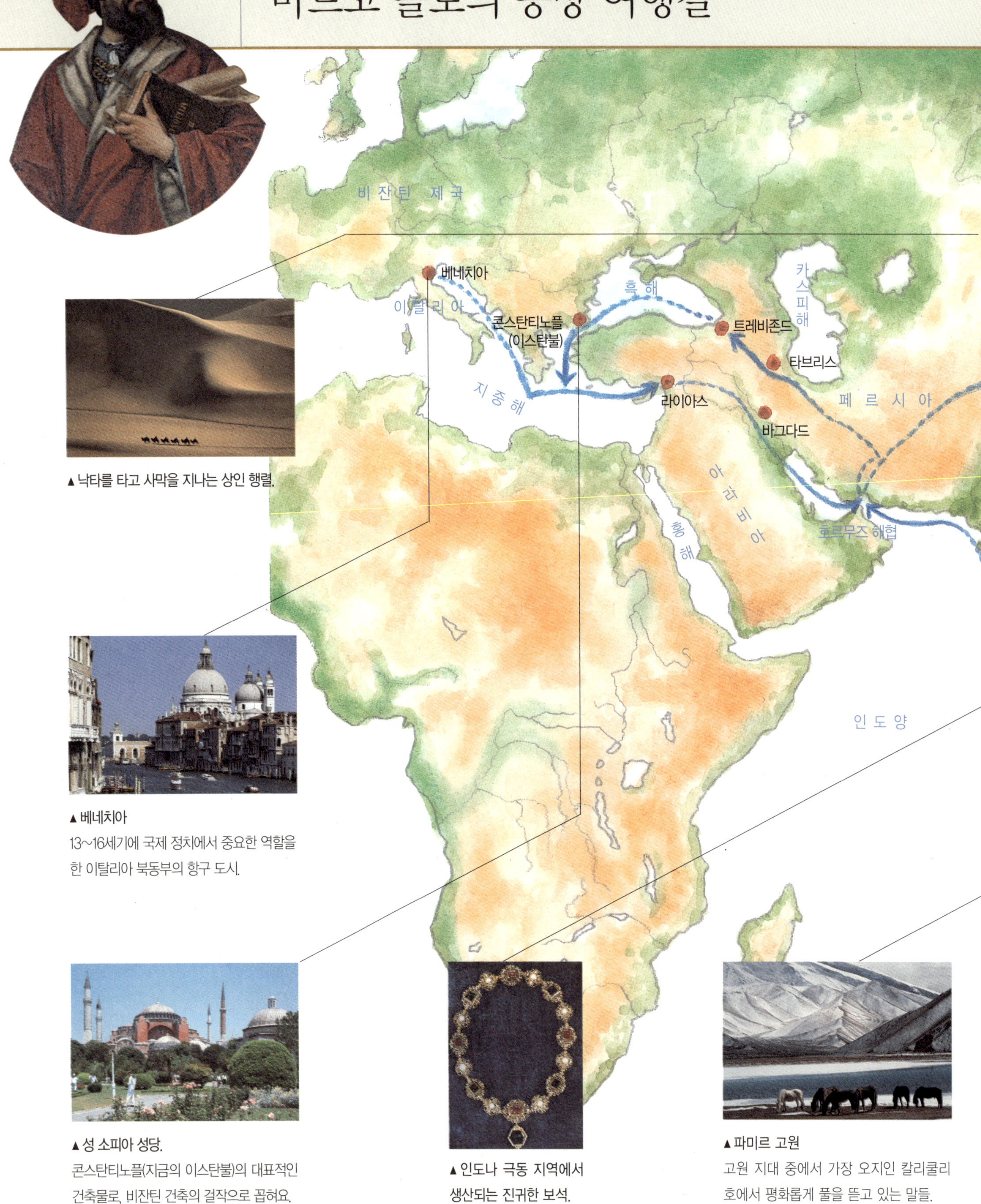

▲ 낙타를 타고 사막을 지나는 상인 행렬.

▲ 베네치아
13~16세기에 국제 정치에서 중요한 역할을
한 이탈리아 북동부의 항구 도시.

▲ 성 소피아 성당.
콘스탄티노플(지금의 이스탄불)의 대표적인
건축물로, 비잔틴 건축의 걸작으로 꼽혀요.

▲ 인도나 극동 지역에서
생산되는 진귀한 보석.

▲ 파미르 고원
고원 지대 중에서 가장 오지인 칼리쿨리
호에서 평화롭게 풀을 뜯고 있는 말들.

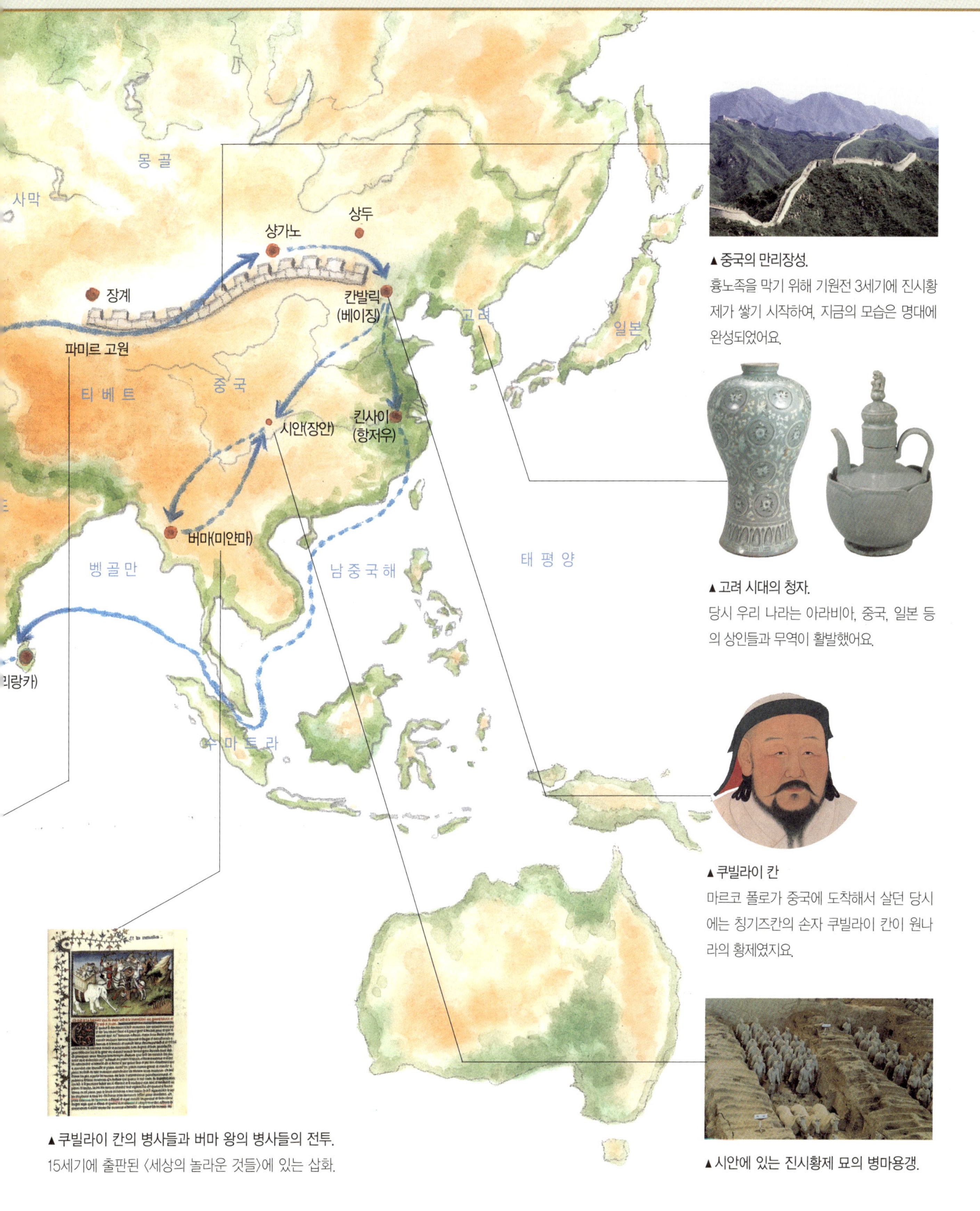

▲ 중국의 만리장성.
흉노족을 막기 위해 기원전 3세기에 진시황제가 쌓기 시작하여, 지금의 모습은 명대에 완성되었어요.

▲ 고려 시대의 청자.
당시 우리 나라는 아라비아, 중국, 일본 등의 상인들과 무역이 활발했어요.

▲ 쿠빌라이 칸
마르코 폴로가 중국에 도착해서 살던 당시에는 칭기즈칸의 손자 쿠빌라이 칸이 원나라의 황제였지요.

▲ 쿠빌라이 칸의 병사들과 버마 왕의 병사들의 전투.
15세기에 출판된 〈세상의 놀라운 것들〉에 있는 삽화.

▲ 시안에 있는 진시황제 묘의 병마용갱.

마르코 폴로 (1254~1324) 연표

	마르코 폴로의 생애	한국사 주요 사건	세계사 주요 사건
1162	몽골의 통치자 칭기즈 칸 출생.	이천 등지에서 대규모 민란 발생.	
1206	칭기즈 칸이 몽골 족을 통일하고 아시아를 정복하기 시작함.	최충헌을 진강후에 봉하고, 부를 흥녕이라 함.	존 왕, 캔터베리 대주교의 선출을 둘러싸고 로마 교황과 대립(1207).
1211	몽골 족이 중국을 침범.	최충헌, 희종을 폐하고 강종을 세움.	
1215	칭기즈 칸이 중국 금나라의 수도인 중도(지금의 베이징)를 함락.		영국, 마그나 카르타 제정.
1221	몽골 족이 인도의 델리를 공격.	몽골에 대비하여 선주 등에 축성(1222).	
1227	칭기즈 칸 사망. 그의 아들 오고타이가 칸으로 즉위.		제5회 십자군 원정(1228~29).
1234	몽골 족이 중국의 금나라를 무너뜨림.	금속활자로 〈상정고금예문〉 인쇄.	
1254	이탈리아 베네치아에서 마르코 폴로가 태어남.		독일, 대공위시대 시작.
1258	몽골 족 바그다드 침략.	최씨 정권 붕괴.	
1260	쿠빌라이가 칸으로 즉위.	동서학당 교역장 설치(1261).	
1265	니콜로와 마페오 폴로가 몽골 제국의 수도 칸발릭에 도착.		영국 의회 성립.
1269	니콜로와 마페오, 베네치아로 귀환.	임연이 원종을 폐하고 안경공을 세움.	
1271	아버지 니콜로, 삼촌 마페오와 함께 베네치아를 떠나 중국으로 향함.	강화에서 개경으로 환도(1270).	제7회 십자군 원정(1270).
1274	폴로 일행, 원나라에 도착함.	고려·원의 1차 일본 정벌(실패).	합스부르크 가의 루돌프 1세 즉위(1273).
1274~91	원나라 황제 쿠빌라이 칸의 사신으로 여러 나라를 돌아봄.	여·원 연합군, 일본 정벌 실패(1274). 상서성 폐지(1291).	남송, 원에게 멸망(1279).
1292	원나라 공주 코카친을 호위하여 원나라를 떠남.	개경으로 환도.	
1295	베네치아로 돌아옴.	탐라를 제주로 고침.	
1297	포로로 잡혀 제노바의 감옥에 갇힘.		영국의 에드워드 1세, 과세승인권 인정.
1299	석방되어 베네치아로 돌아감.	충선왕 즉위(1298).	오스만 제국 건설.
1324	마르코 폴로 사망.	왜구, 추자도에서 만행(1323).	
1325	이븐 바투타가 모로코에서 아라비아를 거쳐 중국에 도착.	상왕 충선왕이 원에서 죽음.	이븐 바투타, 세계일주 여행 나섬.
1368	몽골 족, 한족에 밀려 중국에서 쫓겨남.	원나라와 절교(1369).	원 멸망, 명 건국(주원장).
1405~33	정화의 원정.	집현전 설치(1420).	
1477	〈동방견문록〉의 필사본이 처음 인쇄되어 출판.		합스부르크 가, 부르고뉴를 영유.
1492	〈동방견문록〉에 고무된 크리스토퍼 콜럼버스가 북아메리카 대륙을 발견함.	두만강 방면의 여진족 정벌(1491).	에스파냐가 이베리아 반도의 그라나다를 함락함.

① 마르코 폴로가 살던 베네치아는 어떤 곳이었나요?

② 마르코 폴로가 배를 타고 처음 항해할 때 해적들을 어떻게 따돌렸나요?

③ 마르코 폴로는 넓은 아시아를 여행하면서 닥친 어려움을 어떻게 극복했나요?

④ 마르코 폴로가 원나라 쿠빌라이 칸 황제의 믿음직한 신하가 될 수 있었던 까닭은 무엇인가요?

⑤ 원나라 사람들이 용맹스럽게 무술을 익히는 걸 보고 어떤 생각을 했나요?

⑥ 석탄에 불 붙이기, 땅 속에서 치솟는 기름을 보고 들으면서 마르코 폴로는 왜 자꾸만 고향 베네치아를 생각했을까요?

⑦ 짐승의 뼈로 무늬를 새기는 기술에서 무엇이 이런 솜씨를 키웠다고 생각하나요?

⑧ 당시에 사용한 종이돈에서 무엇을 알 수 있나요?

⑨ 이상하게 생긴 동물이 태어나게 된 까닭을 읽으며 어떤 느낌이 들었나요?

⑩ 코카친 공주를 모시고 바다 여행을 할 때 마르코 폴로의 어떤 점이 감동을 주었나요?

⑪ 감옥에서 작가를 만나 얘기하는 장면을 읽으며 어떤 생각을 하게 되었나요?

〈교과서 큰 인물 이야기〉 교과 수록 및 연계표

테마	권	작품	교과 수록 및 연계
의지와 기상	01	광개토대왕	초등학교 읽기 5-1 8.함께하는 세상 166쪽, 사회와 탐구 5-1 1.하나 된 겨레 20쪽, 중학교 역사(상) Ⅱ.삼국의 성립과 발전, 대교 42쪽
	02	을지문덕	초등학교 사회과 탐구 5-1 1.하나 된 겨레 28쪽, 중학교 역사(상) Ⅲ.통일 신라와 발해, 두산동아 71쪽
	03	계백	중학교 역사(상) Ⅲ.통일 신라와 발해, 대교 78쪽
	04	김유신	초등학교 사회과 탐구 5-1 1.하나 된 겨레 30쪽, 중학교 역사(상) Ⅲ.통일 신라와 발해, 두산동아 74쪽
	05	강감찬	초등학교 듣기·말하기·쓰기 4-2 2.하나씩 배우며 34쪽, 중학교 역사(상) Ⅳ.고려의 성립과 발전, 두산동아 104쪽
	06	이순신	초등학교 듣기·말하기·쓰기 4-2 5.정보를 모아 94쪽, 사회와 탐구 5-1 3.유교 전통이 자리 잡은 조선 102쪽
	07	알렉산더	중학교 역사(상) Ⅶ.통일 제국의 형성과 세계 종교의 등장, 대교 235쪽
	08	나폴레옹	초등학교 생활의 길잡이 3-2 1.소중한 나 17쪽
	09	칭기즈 칸	중학교 역사(상) Ⅸ.교류의 확대와 전통 사회의 발전, 대교 288쪽
지혜와 용기	10	장보고	초등학교 읽기 4-2 5.정보를 모아 98쪽, 사회과 탐구 5-1 1.하나 된 겨레 34쪽, 중학교 역사(상) Ⅲ.통일 신라와 발해, 대교 96쪽
	11	왕건	초등학교 사회과 탐구 5-1 2.다양한 문화를 꽃피운 고려 44쪽, 중학교 역사(상) Ⅳ.고려의 성립과 발전, 두산동아 98쪽
	12	최영	초등학교 생활의 길잡이 4-1 1.바른 마음 곧은 마음 24쪽, 사회와 탐구 5-1 3.유교 전통이 자리 잡은 조선 76쪽, 중학교 역사(상) Ⅴ.고려 사회의 변천, 대교 167쪽
	13	정약용	초등학교 생활의 길잡이 3-2 1.소중한 나 17쪽, 도덕 5 1.최선을 다하는 삶 19쪽, 사회과 탐구 5-2 1.조선 사회의 새로운 움직임 28쪽
	14	세종대왕	초등학교 사회과 탐구 5-1 3.유교 전통이 자리 잡은 조선 83쪽, 읽기 6-2 5.언어의 세계 125쪽
	15	황희	초등학교 생활의 길잡이 4-2 3.따스한 손길 행복한 세상 57쪽
	16	성삼문	중학교 역사(상) Ⅵ.조선의 성립과 발전, 미래엔컬처그룹 178쪽
	17	이항복	초등학교 읽기 4-1 6.의견을 나누어요 115쪽
	18	신채호	초등학교 사회과 탐구 5-2 2.새로운 문물의 수용과 자주독립 67쪽, 중학교 역사(상) Ⅲ.통일 신라와 발해, 대교 80쪽
자유와 인권	19	링컨	초등학교 도덕 4-1 1.바른 마음 곧은 마음 13쪽, 생활의 길잡이 4-1 1.바른 마음 곧은 마음 24쪽, 읽기 4-2 3.서로 다른 의견 49쪽
	20	간디	초등학교 생활의 길잡이 3-1 5.나라를 사랑하는 마음 98쪽, 도덕 6 4.서로 배려하고 봉사하며 79쪽, 중학교 국어 1-2 4.체험과 깨달음, 디딤돌 125쪽
	21	전봉준	초등학교 사회과 탐구 5-2 2.새로운 문물의 수용과 자주독립 43쪽
	22	안중근	초등학교 읽기 5-2 2.사건의 기록 46쪽, 사회과 탐구 5-2 2.새로운 문물의 수용과 자주독립 37쪽
	23	마틴 루터 킹	초등학교 사회 6-2 1.우리나라의 민주 정치 41쪽, 듣기·말하기·쓰기 6-2 6.생각과 논리 122쪽, 중학교 도덕 1 Ⅲ.나의 삶과 국가, 두산동아 195쪽
	24	만델라	초등학교 생활의 길잡이 3-1 5.나라를 사랑하는 마음 98쪽, 고등학교 사회 Ⅷ.정치 과정과 참여 민주주의, 법문사 240쪽
	25	김구	초등학교 사회과 탐구 5-2 2.새로운 문물의 수용과 자주독립 37쪽, 듣기·말하기·쓰기 6-1 6.타당한 근거 112쪽
	26	유관순	초등학교 도덕 3-1 5.나라를 사랑하는 마음 99쪽, 읽기 5-1 8.함께하는 세상 170쪽, 사회과 탐구 5-2 2.새로운 문물의 수용과 자주독립 37쪽
	27	안창호	초등학교 도덕 3-1 5.나라를 사랑하는 마음 99쪽, 사회과 탐구 5-2 2.새로운 문물의 수용과 자주독립 37쪽, 읽기 6-2 3.문제와 해결 78쪽
예술과 창조	28	신사임당	초등학교 생활의 길잡이 4-1 2.내 일은 내가 하기 40쪽, 중학교 역사(상) Ⅵ.조선의 성립과 발전, 대교 197쪽
	29	김홍도	초등학교 읽기 4-2 2.하나씩 배우며 32쪽, 중학교 역사(상) Ⅵ.조선의 성립과 발전, 대교 199쪽
	30	이중섭	초등학교 듣기·말하기·쓰기 6-2 1.문학과 삶 14쪽
	31	레오나르도 다 빈치	중학교 역사(상) Ⅷ.다양한 문화권의 형성, 대교 279쪽
	32	모차르트	초등학교 음악 6 1.나가자! 달리자!, 금성출판사 13쪽, 중학교 음악 1 5.자연을 노래하는 우리, 금성출판사 74쪽
	33	베토벤	초등학교 생활의 길잡이 4-1 2.내 일은 내가 하기 47쪽, 중학교 도덕 2 Ⅳ.문화와 도덕, 미래엔컬처그룹 265쪽
	34	슈베르트	중학교 음악 1 6.서정을 노래하는 우리, 금성출판사 88쪽
	35	안데르센	초등학교 듣기·말하기·쓰기 6-1 국어 교실 함께 가꾸기 146쪽
	36	셰익스피어	고등학교 문학(상) Ⅱ.문학의 수용, 미래엔컬처그룹 92쪽, 문학(하) Ⅹ.한국 문학과 문화, 교학사 307쪽
	37	톨스토이	초등학교 읽기 4-2 4.이럴 때는 이렇게 74쪽, 읽기 5-2 6.깊은 생각 바른 판단 158쪽, 중학교 도덕 3 Ⅰ.삶의 목적, 중앙교육진흥연구소 42쪽
	38	스필버그	고등학교 문학(상) Ⅴ.극문학의 수용과 창작, 태성 310쪽